磨課師

推動

MASSIVE OPEN
ONLINE COURSES

教育部發展典範科技大學
計畫補助

方國定 教授——主編

推薦序

　　教育部爲推動數位化學習，於2013年公布2014-2017四年期「全面化數位學習推動計畫」，本校即於2014年積極投入數位學習磨課師課程（Massive Open Online Course, MOOC）推動計畫，在第一年獲教育部審核通過補助4門課程，爲全國技職體系第一名，2015年數位課程申請5門課程全數審核通過補助，課程內容設計與品質獲各界肯定，今年也有3門課程補助。目前本校與臺灣合作的平臺包括育網（ewant）、學聯網（ShareCourse）、中華開放教育平臺（OpenEdu）、臺灣全民學習臺（TaiwanLife）等，與中國合作的平臺有學堂在線、好大學在線、中國大學MOOC等，將本校優質課程推動到全世界。本校老師對數位課程製作與用心，深獲學生喜愛，其中劉威德教師「當代應用心理學」（2015.03～2015.05），被中國約15所重點大學學生選爲學分課程，加上選修人數，約有四千位報名學習，於「好大學在線」平臺當季選修人數最多之課程，課程品質與影響力被評爲上海交通大學「好大學在線」平臺2015年上半年大中華區最優質課程。顯見本校數位學習課程已累積一定的經驗與水準，課程製作精良，教師群用心投入及後勤製作團隊努力，這些都要感謝本校磨課師團隊的付出。

　　爲改變以往以教師爲中心的教學模式，透由翻轉教學改以學習者爲中心的新教學思維，本校在各學院增設許多妙思空間，並於104年12月22日成立全國第一個「虛實整合學習與體驗示範基地」，示範online虛擬教學，特別建置有：仿造美國哈佛大學OCW開放教學教室、連線全校OCW教室的教育雲系統、提供師生自製影片的TPCK實驗室、研究教學現場大數據的學科教學實驗室。也規劃有全新近300坪的空間，提供老師與助教進行offline線下的課業輔導。更在資訊管理學系成立「資訊科技服務管理數位學習碩士在職專班」，提供社會人士選讀取得學位。積極推動磨課師

課程，讓數位課程學習成立本校教學特色。

　　感謝楊能舒校長、方國定副校長、校內教師群與行政團隊的努力與付出，短短三年推動數位學習磨課師，已累積豐富成果與經驗。特將本校推動磨課師架構與推動策略及課程老師在製作數位學習課程的經驗與心得，集結成書，分享本校推動經驗予各界參考，及提供有意參與磨課師課程的教師參考，尚祈諸位先進不吝指教。

侯春看

國立雲林科技大學前校長

校長序

　　雲科大自103年起，響應教育部計畫，拿到4門磨課師課程補助，成績優異。本人忝為雲科大磨課師計畫主持人，委由方國定副校長擔任計畫執行長，整合校內不同行政單位與教學單位，共同執行此一全校性計畫。在方副校長的推動與整合下，各行政同仁齊心戮力，教學老師付出心血，最終產生優質的磨課師課程，也在後續104年、105年，陸續拿到教育部多門課程補助，成績優異。

　　本校推動磨課師課程，整合了所有相關的學校行政團隊，並輔助教學優良教師，進行製作，各團隊間之分工合作、各單位推動上之困難及經驗，均值得與各界分享。因此，本校教務處出版組規劃此一《推動磨課師》專書，邀請參與磨課師製作的所有行政單位，撰寫製作時的心得；另外，出版組也委由校園記者，採訪並記錄各磨課師教師的理念與困境。

　　如今這本著作在多人共同努力下，終於完成，即將面市，甚感欣慰。本書一方面對於雲科大在這三年內投入推動磨課師工作，留下一寶貴紀錄。二方面可供外界參考雲科大經驗與突破，了解製作磨課師的行政整合、後勤支援、個別教師製作課程、經營課程的困難。

　　最後期望各界一起加入推動磨課師課程的製作，也期望各界持續給雲科大指導。

楊能舒

國立雲林科技大學校長

目 錄

第二篇　雲科大特色課程 / 095

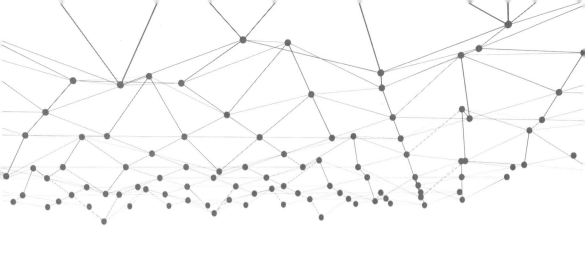

◆ 第一篇

推動磨課師

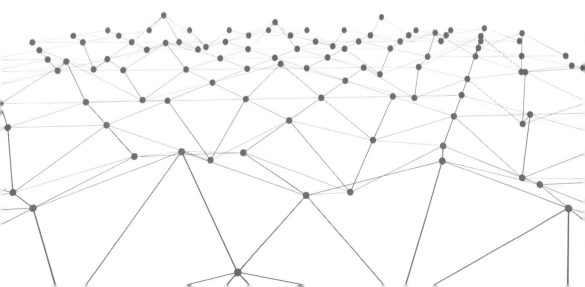

第一章　磨課師（MOOCs）理念

◆ 方國定 ◆

一 名詞

　　「磨課師」，在中國稱之爲「慕課」，源自英文MOOC或是MOOCs之音譯，代表著「大規模開放線上課程」（Massive Open Online Course）的縮寫。其前身又稱「開放式課程」（Open Course Ware，OCW）或是「線上課程」、「線上教學」、「線上教育」。以上這些名稱的最大共同點：就是必須藉由網際網路來進行課程教學，因此成爲新興的學習模式，而讓「翻轉教學」（Flip teaching）、「翻轉學習」（Flip learning）或「反轉課堂」（Flipped classroom）之名不脛而走，目的即是說明新型態的教育方式足以改變世界。

　　翻轉課堂的兩大關鍵點在於：其一、老師會在上課前，將講授內容錄製成影片並上傳至學習平臺供學生「自主學習」；其二、上課時老師會回應學生在自學過程所遭遇的問題，並透過討論指導學習。

　　相對於MOOCs這個概念，另有一個概念稱爲SPOC（Small Private Online Course，譯爲「小規模限制性線上課程」），該詞是由柏克萊加州大學Armando Fox教授於2013年提出。SPOC是由MOOC衍生的一種開放式課程形式，其Small意指小量（學員數止於數百人），Private意指修課者爲開課學校的校內學生，或依課程特性有人數限制的線上學生，亦即課程非大規模地開放給所有人，以期具體提升學習參與度及課程完課率。SPOC的上課形式多採取課堂面對面與線上自學的混成方式進行，與MOOC的完全線上形式不同。簡言之，SPOC的基調就是「MOOC +

Classroom」，也就是一種善用MOOC資源融入翻轉教學的混成課程[1]。

二 大規模開放課程發展歷程

　　美國麻省理工學院（MIT）於1999年提出「開放式課程」（Open Course Ware, OCW）的概念，希望透過「鬆綁知識」與「充實心靈」這兩大理念來讓所有人藉由新興科技——網際網路來接觸到知識。該校不但於2002年建置了「MIT Open Course Ware」網站，截至目前為止已經超過兩千門課程被放置上線，供大眾無條件地註冊學習。該組織也影響了後來臺灣各大專院校，於2007年成立「臺灣開放式課程聯盟TOCWC」，成為臺灣開放式線上教育的先驅。

　　2008年，加拿大阿薩巴斯卡大學Dave Cormier與Bryan Alexander教授開設「關聯主義與連結知識」（Connectivism and Connective Knowledge）課程率先提出「MOOCs, Massive Open Online Courses」（磨課師）概念。該課程從原本傳統教室中只有25人修課的規模，改制於線上課程後即擴增為超過兩千人，正說明了磨課師的特色：「可大規模」——網路科技允許超過千人參與修課與「開放式」——不限身分，任何人只要經過註冊即可修課。

　　然而南亞地區的「可汗學院」（Khan Academic）是在磨課師教育史上，另外一個異軍突起的代表。孟加拉裔美國人Salman Khan原是在美國從事金融工作，但是為幫助遠在故土的親人，遂自行錄製教學影片並上傳至知名影網站「Youtube」。由於製作內容大受好評，因此激發Khan先生於2009年創辦「可汗學院」，並於2009年辭去原本的職務，專心致力於線上教學的推廣，目的是讓南亞地區貧困的學子，得以藉由網路平臺來進

---

[1]　劉怡甫，從anti-MOOC風潮談MOOCs轉型與SPOCs擅場，評鑑雙月刊，第48期，2014年3月。

行自我教育。此一善行日後也獲得知名企業家Bill Gate所屬慈善基金會與Google等大公司進行資金挹注進而擴增其規模。同時亦激勵了日後知名磨課師網站「Coursera」的成立。

　　2011年11月美國史丹佛大學Sebastian Thrun因為受到「可汗學院」的影響，與Andrew Ng（吳恩達）教授，分別推出「人工智能導論」（Introduction to AI）與「機器學習」（Machine Learning）課程於網上，推出後便大受歡迎並造就破十萬人次的註冊上課盛況。因此，兩位教授分別集資成立磨課師網站「Udacity」與「Coursera」，與美國東岸哈佛大學與麻省理工學院共同成立的磨課師網站「edX」同場較勁。目前世界知名磨課師網站均以美國為主導，其中又以前述三大品牌為最具代表性。因此也讓2012年有著譽為「磨課師元年」的美名。

　　2013年更是磨課師開枝散葉的一年，隨著三大磨課師網站的擴張，同時也吸引了許多位於亞洲的學校加入上線的行列，例如該年中國北京大學加入「Coursera」的行列。除了國際性的結盟外，本土性質的磨課師網站，亦如雨後春筍般冒出，例如像中國清華大學的「學堂在線」網站、臺灣「ewant育網開放教育平臺」、「學聯網Sharecourse」、教育部磨課師計畫等等。

■三　教育部推動磨課師計畫

　　我國的磨課師課程起源於2008年年底成立的「臺灣開放式課程聯盟TOCWC」，其中以國立臺灣大學、國立政治大學、國立師範大學等等國立一流學府為前鋒，日後更多達27所大專院校及一所市立高中參與其中。

　　我國教育部為推動數位化學習，於2013年規畫為期四年（2014-2017）的全面化數位學習推動計畫」，目的是希望藉由網際網路的開放空間，創造「更符合個人化的學習管道」。透過教育部提撥每年經費一百萬元為上限，委託重點發展大學，例如國立雲林科技大學規劃產製18週課程

合計18小時的「教育部磨課師計畫」或是僅6至15分鐘長度，亦為6至18週課程的「微型磨課師計畫」，因此讓各大專院校磨課師課程製作儼然成為當前顯學。

四 以學習者為中心 —— 新教學思維

過去傳統教室是一個以教師為中心的場域，任何教學活動的設計都從教師的角度思考，因此，課堂時間主要是老師授課，而課後時間主要是學生做功課（homework at home, lecture in class）。以傳統演講教學模式上課時，學生是單向及被動的接受由教師口頭教授的內容，師生互動不多，缺乏學習指導，也造成了學習成效難以達到預期目標。而新的教學思維，是以學習者為中心，強調翻轉式學習及翻轉程序，執行方式為：（一）課前時間：學生看線上影片預習並完成線上練習；（二）課堂時間：老師學生互動討論、個別指導、小考、重點教學；（三）課後時間：學生與同學、助教等線上互動學習（Lecture at home, homework in class）。因此，原來由老師主導的教室，舞臺已轉移到以學生為主，另外，原先被動接受指導及學習的情形，轉換為學生的自主學習。

教師必須改變新的教學思維並養成新的教學能力，教師不再是單一角色的演講者，每節課都是由教師主導，用教學演講主宰全部教學時間；而是要扮演多元角色，除了講演者外，亦是促進者：因學生事先看過教學內容，上課時老師可採用小組學習方式，以組內學生的問題和心得為核心，讓他們彼此交換己見並互補長短，也可促進概念學習的深度及廣度。亦是協助者；經由教學討論議題的設計，老師可以協助學生在翻轉教學的過程中，個別提供同學的學習協助，另外搭配教學短片，學生可以控制學習時間、學習過程、步調快慢等，以進一步深度理解。亦是鼓勵者：在小組共同解決問題過程中，鼓勵每位學生得以注入自己的想法並表達自己的意見，藉由團隊合作促進並達到學習目標。

五 雲科大的磨課師

（一）發展策略

「全世界優質學習資源為我雲科大所用，雲科大亦為全世界優質學習資源貢獻一份心力」是雲科大推動MOOCs的主要理念。我們的主要願景是：(1)藉由磨課師課程的發展，使雲科大成為大中華區知識傳授的重鎮之一。(2)使雲科大成為全球華文線上數位學習（磨課師）高等教育典範。我們具體做法，包含「三個尋求」：尋求好課程、尋求好老師、尋求好人才；以及二個自主：一方面我們希望關鍵性技術掌握在自己手中，課程全程自主完成不倚靠外力，追求獨立自主，另一方面聘請了專門MOOCs的好人才製作課程，攝影棚從頭自主建立技術獨立。

MOOCs的免費、高品質、資源共享、無國界、跨界結盟等優勢下已掀起了一股學習演化（revolutionizing learning）的潮流，全世界優質學習資源，例如哈佛大學、密西根大學等著名大學課程在MOOCs平臺上觸手可及，教師授課時可以利用並搭配這些教學資源，開展翻轉課堂的學習，來實現學生自主學習的態度和教學方法的轉變。

因此，為落實我們的願景並提供公平、開放、自主的學習機會，以成就每一位學生，我們擬定五項推動策略，分別為「需求面課程內容彈性化」、「地理區域性知識擴散」、「學制跨校性知識擴散」、「多元授課模式發展」、「優質平臺合作」，以及其對應的發展規劃。

1 策略一「需求面課程內容彈性化」

此策略主要是為了滿足學習者需求而擬定，透過每門課程上千位學習者與課程教師實際的互動，以及平臺端所提供的學習歷程，利用IR（institute research）的精神分析每單元課程的優缺點，進行檢視與精鍊再提升，並由授課教師提出課程精進方案，實際進行課程優化。發展的規劃包括

⑴ 課程重錄製：針對原課程教材教學效果可以再提升之處，進行部分課程修改錄製的發展規劃。

⑵ 課程新錄製：針對課程教材於不同授課目標下，需要再增加課程教材製作的發展規劃。

⑶ 單元調整：對於逐漸累積的課程教材，包括核心教材以及輔助教材等等，可以利用單位調整，重新規劃為新的適合對象開課學習使用。

2 策略二「地理區域性知識擴散」

雖說網路無藩籬，但是基於語文與設備及基礎建設等特殊因素，造成知識分享的高牆產生，本策略目的要翻過高牆、讓知識得以擴散。

⑴ 臺灣區：優質課程優先讓國人先使用，包括課程教材觀看便利度，盡量透過不同管道讓更多臺灣學習者學習使用。

⑵ 大中華區：知識要能擴散，才能更顯出其影響性；例如在臺灣使用YouTube置放教材，在中國則無法順利使用等等，此策略主要是期望課程的影響範圍能由在地性到大中華區域性等，未來因勢利導，爭取參與全球性平臺課程分享機會。

3 策略三「學制跨校性知識擴散」

在傳統舊有思維裡，對於高等教育學習僅止於大學內的學習者，如今大規模開放式線上課程即推翻此教育高牆，而臺灣於學制及跨校知識散播仍為初期階段，我們希冀能利用磨課師課程向下延伸至高職端及向外擴散至區域大專校院。

⑴ 高職端：透過教學模式的改變，高職學生可以體驗到有別於傳統的上課方式，導入大學專業師資結合高職原有教師資源，不再只是由教師單方面教課，搭配磨課師線上課程，學生可先自行線上學習，後於實體課堂上提出問題，再由教師進行解惑。

(2) 中區技職校院區域教學資源中心：透過結合中區技職校院區域教學資源中心力量，進行區域教學資源整合及分享，推薦優質磨課師課程至中區共21所夥伴學校，開放教學資源，提供夥伴學校可自由運用於其教學活動中，而經由資源共享平臺，更能提供提升區域大學教學品質及學生學習成效。

4 策略四「多元授課模式發展」

傳統上課模式為教師於課堂上授課，無論學生吸收與否，依著標準節奏進行課程傳授，而磨課師帶來多元教學的可能性，授課教師無論是否親自錄製磨課師課程，皆可使用磨課師教學影片進行不同於以往的授課模式。

(1) SPOC翻轉教室：利用本校已錄製完成的優質磨課師課程，推廣至高職端、大專校院等，使各校教師了解如何利用適合的磨課師課程搭配實體授課方式，使學生體驗不同的教學方式。

(2) 線上線下教學：藉由跨區域、跨組織進行課程廣度及深度合作，進行線上、線下教學模式推動，透過課程合作可以促成本校高等教育輸出。

(3) 混合學習：採線上學習加上面授，高中職老師先至線上學習並定期面授，所以本課程的教學內容可以負擔一半的時數，面授的時間就可以減少一半的時間，以本校專業課程協助高中職教師於專業知能精進。

5 策略五「優質平臺合作」

臺灣MOOCs的平臺規模，以課程學習人數來看，單門課程單次報名人數能超過一千人，且觀看者校外多於校內者之課程，可以被認為是優質課程；相同地在大中華區的平臺，一門優質課程學習者人數將數倍於此，而在全球性平臺，優質課程動輒以萬或數萬學習者計算。因此，我們

採用多平臺合作模式,在臺灣學校分別與「ewant」、「Share Course」、「Taiwan Life」、「中華開放教育平臺」合作MOOC課程,在中國分別與北京清華大學的「學堂在線」、上海交通大學的「好大學在線」,另外,亦與中國地區新興民營磨課師平臺「智慧樹」開設收取費用的學分課程。畢竟每個平臺經營方向不同,如果只選擇一個平臺,一旦此平臺後續發力不足,就會有很大的風險,規避風險是我們選擇多平臺發展的關鍵所在。

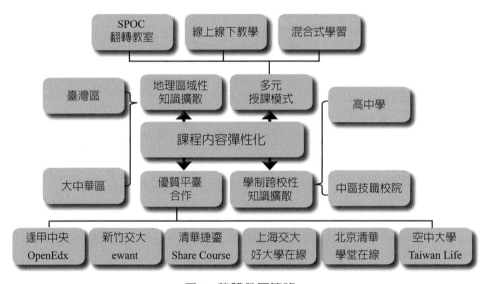

圖1 整體發展策略

（二）永續發展規劃

雲科大的MOOCs除了延續目前的發展成果之外,也將規劃MOOC的學分認定、與授予學位之相關辦法,並擬訂未來可永續發展的模式,期望成為大中華地區的知識傳授重鎮之一,使本校成為全球華文MOOC的高等教育典範。

1 模組化推廣

以微學程爲發展要項，所謂微學程就是一組經過精心設計、有系統關係的課程。每一個微學程包含三門以上課程，課程彼此間有明確的連貫性及深入淺出的安排，每一個微學程的課程將陸續開出，讓學習者可以依循這些規劃進行有系統及有計畫的學習，在學完這一組經過設計的課程後，學習者將更能完整的了解及應用一門學問。例如：「設計系列微學程課程」包含「2D動畫製作」、「動畫短片製作寶典」、「3D電腦模型設計」、「與自己對畫」、「攝影趣」。

2 企業培訓

隨著MOOCs課程學習人員的增多，運營MOOCs的負荷也相對會增大許多，另一方面，雲科大選擇完全自主方式推廣MOOCs，在製作成本上相對提高許多。因此，我們一方面透過尋求外界補助、學校經費支持與企業贊助方式，以減緩解金錢上的壓力，另一方面我們思考MOOCs收費模式的可能性，以MOOCs的方式進行企業員工培訓是一個重要的探索方向。企業培訓一般都要到固定地點上課，且占用員工上班時間，培訓效益也不好。如果用MOOCs方式效果可能就會完全不同，希望透過「磨課師」課程的輸出，帶動數位商機，讓「磨課師」的效益擴散至產業。

◆ 方國定 ◆

一　全校總動員

　　磨課師計畫之發展並非校內某一單位的力量即可順利推動，需集合校內各相關單位之力量，共同推動。由於需要全校各教學與行政單位的支援，最好由校長或副校長層級之人，擔任主要推手，才能召集全校各單位的人共同投入。

　　例如，雲科大由副校長的層級擔任計畫主持人，教務長擔任執行長，並召集資訊中心、教學卓越中心、教務處、人事室、科技法律研究所、通識教育中心等單位之相關人員，共同組成跨組織團隊。由副校長以及教務長親自投入參與，負責各單位權責之協調。跨組織團隊成立以來，定期召開會議，經過近二年的溝通協調與磨合，已建立相當程度的默契，形成高效率運作的跨組織團隊。

　　雲科大校內直接投入本案之相關部門包括：教務處、資訊中心、教學卓越中心、人事室、通識中心、科法所、各學院及系所等等。並由這些相關部門之成員，組成各個專責任務團隊：磨課師課程評選委員會、課程建置技術組、教學發展策略組、智慧財產權組。

　　整個計畫的應用推動從磨課師課程發展遠景著手、釐定雲科大的策略規劃與本案目標肇始，方向無誤、目標正確後，開始籌組具執行力的組織人員及合作對象，藉由適切的推動策略與發展規劃，條列出主要執行內容，並利用訂定適當的績效指標來呈現專案的績效性，全案並將以良善的專案管理方式進行專案執行控管，目的在使應用推動具有確實成效。

　　雲科大推動「磨課師」計畫甚為慎重，各項作業為求效用務必到位，除責成必要之組織全力投入外，例如行政部門教務處（教務綜理）、資訊中心（數位學習技術與教材製作）、教學卓越中心（教學發展）、人事室（教師評鑑法規等）、各學院（課程與師資）等等，並組成專案組織：由楊能舒副校長親力為之擔任計畫主持人角色，及由教務長方國定教授擔任執行長，各分由各專業部門組成工作小組分工而為，另並邀集各院特聘教授代表及相關部門人員組成數位學習會報小組，負責課程遴選、督導執行方略與成效，推動組織架構圖及教師課程團隊支援圖請參看下圖：

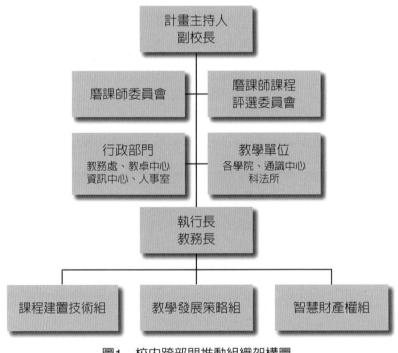

圖1　校內跨部門推動組織架構圖

　　全案計畫主持工作由雲科大楊能舒副校長實際擔任，副校長可直接調集校內各行政部門及教學單位全力推動磨課師課程計畫，執行長則由方國定教務長親自負責，專案組織專業分三組運作，包括課程建置技術組、

教學發展策略組、智慧財產權組等，協同主持人由資訊中心施學琦主任擔任，此間並設有數位學習會報，負責課程遴選以及執行成效督考品保事宜。

二　分組與任務

以下以雲科大為例，介紹推動磨課師的各種分組與任務。

1 磨課師課程委員會

(1) 參與成員：教務長、教學卓越中心主任、資訊中心主任、教師代表，及視需求邀請校內外專家參與。

(2) 負責任務：課程遴選、督導執行方略與成效、教學品保。

(3) 運作模式：

- 召開執行性會報：由會報成員專家主持檢視各部門各編組分工執行成效並給予立即性指導建議。
- 召開數位學習策略性會報：由會報成員共同參加，就課程方略方針、選擇、成效進行會議。

2 課程建置技術組

(1) 負責人員：資訊中心主任　施學琦博士

(2) 參與成員：資訊中心視訊組組長　林宗德博士

資訊中心行政諮詢組助理管理師　彭瑩芳

資訊中心行政諮詢組教學設計師　余佳玲

資訊中心行政諮詢組課程管理專員　王薇淳

資訊中心視訊組多媒體設計人員　葉青芳

資訊中心視訊組專案助理工程師　林柏勳

(3) 負責任務：

- 教材製作面：教師課程錄影、收音、輔助數位教材製作、教師自製、教材技術支援、教材後製服務、數位攝影棚服務提供及製作教材、軟硬體電腦設備提供等。
- 課程經營面：學習平臺合作聯繫與服務、訊息公布及操作支援。

(4) 運作模式：

- 依照教師應用發展，選擇課程採用ewant、Share Course、Open edX、好大學在線平臺、學堂在線平臺，甚至是自有網路學園平臺，平臺後臺維運由各平臺管理單位負責，平臺功能與作業方式由課程建置技術組人員負責。
- 徵詢教師教材拍攝方式，若教師擬自行拍攝，要求教材拍攝需符合水平，本課程建置技術組並可提供技術及設備支援；若是擬由課程建置技術組協助教師課程拍攝，則教師需以預約時段方式辦理。
- 徵詢教師教材後製處理方式，若教師擬自行進行後製處理，課程建置技術組可提供技術及作業環境支援，但教師需以預約時段方式辦理；若是擬交由課程建置技術組協助製作，則由雙方約定時間進行。
- 教師課程錄影、收音、輔助數位教材製作、教師自製教材技術支援、教材後製服務、學習平臺合作聯繫與服務、數位攝影棚服務提供及製作教材軟硬體電腦設備提供等。

3. 教學發展策略組

(1) 負責人員：教學卓越中心主任　俞慧芸教授
(2) 參與成員：資訊中心視訊組組長　林宗德博士
　　　　　　　教務處課教組組長　吳政翰副教授

　　　　　教務處課教組　　黃淑卿專員
　　　　　教學卓越中心　　蕭宇宏教授
　　　　　教學卓越中心　　胡詠翔博士
　　　　　教學卓越中心　　林芳廷專員

⑶ 負責任務：教學卓越中心配合計畫辦公室，支援課程發展階段的教師社群成立與線上教學助理培訓。另外，在協助課程實施階段，以一對一方式，提供開課教師線上課程帶領技巧之諮詢服務，並針對修選課學生辦理線上自主學習策略之實體諮詢（遠距諮詢由線上課程教學助理實施）。至於教師教學行動研究部分，則由教學卓越中心提供教師實施教學行動研究之參考工具，並推動教師發表海內外學術論文，再配合雲科大教學卓越計畫，銜接雲科大技術及職業教育研究所之研究資源，以扮演國內技職體系導入磨課師課程與教學之實驗研究基地，擴散能量，引領國內外磨課師課程在技職教育的發展。

⑷ 運作模式：

• 磨課師教學研究社群：由雲科大教師3人以上自主成立，配合校內課程徵件與開課時程，以學期為單位，輔導社群教師不定期聚會，進行磨課師課程開發之教學實驗相關研究。

• 教師線上課程帶領技巧諮詢服務：採1對1方式於教學卓越中心個別實施，並提供任課教師發展線上課程帶領教學職能的協助。另外，在實務操作上，為了讓教師可實際演練並持續精進線上課程帶領技巧，將規劃微縮教學，安排教師赴雲科大數位學習實驗教室（樂學空間），進行實際操作並錄影，協助教師教學技巧自我改善。

• 學生線上自主學習策略：雲科大學生採實體諮商與線上諮商二種類型，以1對1方式實施。實體諮商地點，採預約制，每次30分鐘，於雲科大教學卓越中心進行；課程學生線上諮商，則由

每一門課程之教學助理團隊負責，並依據課程公告時間（online office hour）提供學習困難排解。

- 課程與教學效能的成效檢核

  - 核心能力雷達圖系統：

    依教師於教學大綱及計畫設定之核心能力關聯度，及學生於期末教學意見回饋習得核心能力關聯情形，供授課教師了解預定目標與學生自評習得之差距，作為未來教學活動設計改進之參酌。

  - 教學意見調查：

    於線上課程中期至學期考試結束，實施教學意見調查，了解學生對於教學的反應，提供課程改善之參考。

  - 教學行動研究：

    每一門課程之任課教師可自行組織行動研究，或採用教學卓越中心提供之教學行動研究工具，並建立教學個案，供日後持續改善與回饋參考。

4 智慧財產權組

(1) 負責人員：科技法律研究所　楊智傑副教授

(2) 參與人員：科技法律研究所　方濟龍研究生

(3) 負責任務：磨課師課程智慧財產權授權處理、提供智慧財產權相關諮詢、檢查影片內容是否需要授權、協助擬定各種智慧財產權歸屬契約與授權契約、提供校內法規建議等。

(4) 運作模式：雲科大數位課程所製作之教材必須符合智慧財產權規範，教師教材合理取得，可經由科技法律研究所設置諮詢服務，及本專案團隊楊智傑博士，親自提供智財權等專業協助及指導服務；初期階段依教育部規定辦理，於受補助期間原則不應收費營利，但仍需經由智慧財產權辦理授權處理，以保障維護知識生產創作者權利。

課程徵集與輔導

◆ 俞慧芸 ◆
林芳廷

　　萬事起頭難，各校在尋找願意拍攝的老師、挖掘適合發展的磨課師課程上，應該需要花上不少時間。本章的內容主要在分享本校如何在一開始做課程徵集，又如何在經驗累積後，更有效地找到適合的教師和適合發展的課程。此外，如何透過學校各項行政配套，來提供本校教師發展磨課師課程所需的各類資源與協助，以順利完成本校的磨課師課程推動。

一　踏出困難，挖掘有潛力的課程與教師

　　在課程徵集的初期，相信雲科大遇到的困難和其他學校沒有太大的差別，就是尋找不到有意願拍攝的教師，加上數位教學模式不同以往傳統的授課模式，也讓我們在找尋教師上碰上很大的困難。因此第一期的磨課師課程，我們嘗試從雲科大歷年已獲傑出和優良之教師、受學生歡迎的熱門教師、找尋有遠距教學經驗、使用網路學園經驗豐富的教師們，並逐一徵詢意願，也因為這些教師充滿教學熱忱與熱情、且有接觸過數位學習的經驗，在初期的推動對我們來說非常順利，但在執行中，持續遇到許多困難，例如：確保課程的專業設計、經費的支援、助教找尋、未來的課程利用、第二期教師尋找、校內保障教師的法規不全等因素，也讓我們警覺到後期必須快速改善的迫切性。

■ 培養種子，累積本校教師數位教學經驗──微型磨課師

　　因此，YunTech在第一期執行磨課師計畫期間，陸續開始著手規畫相對應的改善措施，並鼓勵教師嘗試使用遠距教學、OCW翻轉教室、經營網路學園等翻轉教學模式做法，幫助本校教師嘗試接觸數位教學；也因雲科大有出名的設計學院爲後盾，校園內充滿許多影音製作人才，對於助教人才的尋找，在後期也規劃出一完善的培訓機制，培養許多數位科技助教，基於此優勢，第一期執行磨課師計畫時，就已開始建立推動數位學習整套的配套支援，再來我們發現「教學者」的重要性，能找到願意拍、有經驗拍、有熱情經營的老師非常困難。首先，我們對全校師生做了問卷調查，從教師的調查結果數據分析發現，不想拍的教師，大部分覺得沒經驗、花太多時間、也沒助教可幫忙。因此，雲科大提出一個創新想法「微型磨課師」，請老師從拍攝1小時的微型磨課師數位教材開始做起，讓老師在初期較不吃力的接觸數位教學模式，簡單的拍攝手法，不造成老師的負擔、並不斷在校內培訓數位助教，讓教師專注在教材設計本身，以「一課程一助教」的方式協助教師錄製數位課程，從一開始各系所和教師們的反彈，到開始有教師主動向教學卓越中心提出拍攝需求，甚至連學生也開始嘗試當起老師，拍攝起磨課師課程。我們發現校園裡產生了非常大的改變，數位教學對教師和學生來說已不陌生、數位學習也讓全校師生體會到是一種很好強化自身及教學輔導的方式，也讓雲科大逐漸成爲一所充滿數位學習能量之校園。

圖1　校內推動一小時微型磨課師課程，先行累積有經驗的數位教學師資

三 課程保證，優質課程品質推手——課程評選機制

　　雲科大除了投入大量資源來製作磨課師課程，也希望能建立一套完善的課程評選機制，在第一期磨課師計畫，已先行成立了「國立雲林科技大學磨課師課程評選委員會」。其成員包括教務長、教學卓越中心主任、資訊中心主任、1位科法所教師代表、以及3位具磨課師課程錄製和課程經營經驗之教師和雲科大四大院的特聘教授。負責磨課師課程的評選工作，委員們會於每年的年初召開磨課師課程評選會議，在後期也會參考計畫辦公室的評選標準，並搭配學校的發展策略，制訂出一套適合雲科大的評選方式以及評分標準，此評選機制已於104年和105年度實際執行運作、過程嚴謹，結果也符合預期。也讓雲科大日後不論是在評選磨課師課程，或是任何數位課程時，皆可按照此流程進行評選。

四 教師最有力的靠山 ── 一系列的課程輔導協助

教師在教學專業領域各有專精，雖然於磨課師課程教授相同專業內容，但不論是磨課師還是數位教學，這樣的教學方式跟原先傳統授課模式仍然不盡相同，更與傳統教學方法差異甚大，對於學習者學習回饋與學習成效的評量也與既往差異許多，故教師在拍攝數位課程上，仍需花費極大心力準備教案、拍攝以及互動，這在雲科大對於教師的數位教學意願問卷調查裡，也證實皆為以上這些因素，導致教師不願拍攝磨課師課程。因此，雲科大為了能解決這些問題，且讓教師能夠更致力於教學本身，雲科大磨課師課程經營團隊和校內行政團隊，不斷研討並改善配套措施，更提供教師在開課前、拍攝錄製上、課程管理行銷三方面的輔導運作，以幫助教師順利執行磨課師課程，讓磨課師課程經營越發成熟，輔導機制主要有以下五大活動。

1 輔導教師在鏡頭前的展現

對於剛接觸數位教學的教師多半不習慣面對錄影機錄製教材，時常會有NG的問題產生，又因為教師缺少了現場與學生進行互動的情境，故教學論述上常有不流暢、呆板之情形。在攝影走位和與螢幕眼神互動等，教師也多半生澀，也因為都在數位攝影棚拍攝，如何以情境方式搭配後製作業進行課程教材錄製，對於教師而言，也是想像力的自我磨練，這些林林總總的問題真實發生在錄影現場，和教師本身的肢體語言與面目眼神和服裝儀容等，在雲科大執行第一期磨課師都是一大問題。但在第一期磨課師拍攝完畢之後，我們可以發現好幾個有趣的現象，例如：走在校園發現老師突然穿著變帥了、原來這個老師聲音這麼好聽。這些改變，都是拍攝磨課師後產生的變化，也助於我們在後期安排了許多表演的教師知能課程、聲音的講話技巧等課程，也替老師安排穿搭、建議選購的衣服、化妝等，讓老師在鏡頭下呈現完美的一面。

2 觀摩並學習國外的優質數位課程

　　雲科大執行磨課師的推動團隊，也會觀摩國內外磨課師課程之拍攝技巧和後製剪輯方式、課程經營方式，提供予各授課教師進行參考，並持續精進自身內部拍攝團隊，例如：尋找Coursera、edX、Udacity、iversity等平臺之課程，分析出哪種拍攝或呈現手法能讓學習者更容易學習、或是影片的呈現方式、剪輯技巧具有獨特性，會吸引人目光和記憶。而雲科大也因為有這樣的努力，經由幾次的嘗試後，研究出一種LightBoard的拍攝技巧，從鏡頭看，彷彿讓教師在螢幕下寫出重點項目，這樣新穎的拍攝手法和呈現方式，在國內仍非常少見，故經由雲科大所拍攝出的磨課師課程，與其他學校所拍攝的磨課師課程，即使本身教材大同小異，也因呈現手法之不同，吸引更多學習者的選修意願。

3 創造教師彼此間的成長分享

　　獨學無友、孤陋寡聞，每位教師在建置及經營各自磨課師課程時，都會有收穫與盲點，藉由討論分享的方式，老師可以得到建議，也可以互相砥礪，雲科大在第一期執行磨課師時，每個月定期邀請拍攝教師和各行政單位召開工作小組會議，除可以了解老師在拍攝或經營磨課師課程上的難題，行政單位會加以解決外，也透過這樣的聚會，播映老師的磨課師影片，讓教師們彼此交流，討論可以改善之地方。並定期舉辦教師知能研習，邀請老師分享製作經驗給校內其他老師，藉由互相觀摩學習、分享傳播，我們也發現很多有趣的事情發生了，當老師分享次數越多，越來越多老師開始詢問數位學習是什麼、磨課師是什麼？甚至不排斥參與學校舉辦的數為研習（根據調查，第二年的數位研習教師參與率提升50%），具體的影響效應也會反應給老師知道，讓他們知道自己正在做一件有意義的事情，我們會一樣努力地協助老師。

4. 數位助教招募與智財團隊建立

在執行第一期磨課師計畫期間，我們深知助教會是很重要的一環，為了持續雲科大在數位學習上的發展，我們在助教人才的培訓養成上，投入非常多心血。首先我們在原有的助教類別中，新成立數位助教這個項目，開放全校對於數位學習有興趣的同學報名參加，數位助教多以具備拍攝、剪輯、後製、插畫、動畫製作學生為主，搭配一系列的數位專業培訓課程，也從中設立學生品保團隊，初步檢視教師所拍攝之課程，給予教師最直接的回饋意見，在第一期執行磨課師計畫，數位助教為15位，我們也可以發現，成立數位助教有一個最大的好處可以快速地擴散數位能量，這兩年來越來越多學生知道磨課師是什麼，更多人願意在網路上尋求自主學習的資源，這些數位助教，除了實體上協助教師進行課程拍攝外，在線下，也製作一套數位教學影片，與我們一同建置線上雲科大數位學習頻道，用影片的方式教導全校師生如何簡單製作一門數位課程，這套教學影片除了減輕行政單位輔導業務，也是一套優良的數位教材示例。再來，在數位課程錄製中最讓大家煩惱的是法律的問題，包括圖片使用、歸屬問題，雲科大為避免造成老師這些額外的負擔、也保護老師的權益，在執行第一期磨課師計畫時，就已邀請本校科法所楊智傑老師和兩位研究生，成立智財團隊，除了透過每學期的智財諮詢講座，也成立雲林科技大學智財線上諮詢社團，提供全校師生即時的線上智財諮詢服務。

圖2　雲科線上數位學習頻道　　　　圖3　線上智財諮詢社團

5. 強化教師數位科技使用知能

　　第一期磨課師計畫執行完畢後，雲科大在後期的教師知能發展上，皆以強化教師的數位教學為主軸，以協助本校教師嘗試使用數位教學，而對於無法參與輔導之教師，由本校的數位助教，提供了八式線上自學課程，上線至今觀看次數已破三千瀏覽人次，我們皆以非常簡單、輕鬆的方式幫助教師上手數位影片的拍攝，並搭配辦理一系列「線上課程帶領」、「螢幕錄製」、「影片錄製與剪輯」、「數位教學智財權」等數位教學相關實務工作坊、強化本校教師數位教學經驗。

第四章　影　片　製　作

◆ 林宗德 ◆

一　影片製作流程

　　雲科大拍攝磨課師影片的方式，可分爲二種：⑴由資訊中心負責拍攝；⑵由授課教師自行拍攝。原則上，以第1種方式爲主。然而，本校設計學院中有許多老師具有拍攝影片的專業技術，若老師本身有意願，則也能以第2種方式拍攝。

腳本設計　　合作對象　　時程規劃　　影片拍攝　　後製剪接及　字幕檔製作　　影片完成
　　　　　　　　　　　　　　　　　　　　　　　素材製作

圖1　磨課師影片製作流程

　　我們先以由資訊中心負責拍攝之流程來看，磨課師影片的主要製作流程請參考圖1，共可分爲7個步驟完成影片。

　　1. 腳本設計：在影片製作的初期，首先要確定的是課程影片的風格和腳本安排。在這個階段，必須請授課老師提供課程大綱和教材。課程設計師依照課程大綱、教材，並根據授課老師本身的形象，擬定整個課程的呈現風格，並試著設計出前幾個單元的腳本，這時也可以將教材同時送至智財權小組審核。這個階段之執行時間，最好是在實際開拍前1～2個月完成。

2. 合作討論：課程設計師擬出初步的風格和腳本後，應與授課教師進行多次的溝通討論和修正，確認授課老師是否認同這樣的授課風格，接著再與授課老師擬定細部的腳本和分鏡。同時，其他的拍攝準備事項也應該在這時候一併考量，包括預定的拍攝地點、所需的設備和器材、所需的演員、工作人員，以及後製的方式等。若前幾個單元的腳本已經討論得差不多時，則可回到第1步驟，進行後續單元的腳本設計。此階段之執行時間，應於每個單元開拍的前2～4週完成。

3. 拍攝時程規劃：依照腳本設計之內容，預約各種資源的可用時段，包括授課教師、攝影棚、外拍場景、攝影器材、道具、演員、工作人員等。若外拍場景需要事先行文借用，應預作準備。拍攝時程至少需於開拍前1週定案。順便一提，另外一種較為巨觀的時程規劃——整體影片的製作時程，例如：何時應提出課程大綱、何時繳交教材、何時擬定腳本、何時完成拍攝、何時完成後製、何時完成品保流程，這些整體性的時程規劃，則需要提早於開拍前數個月即規劃好。建議可以設計一個總表，橫列是各種工作項目，直行是各個課程單元，將每個單元、每個工作項目的甘特圖清楚列出，以利追蹤。

4. 影片拍攝：開拍前1～3天，需要再度確認拍攝地點、攝影器材、燈光、收音、安全性等細節，以確保拍攝工作順利。另外，每一影片開始拍攝時，最好有打板的習慣，一方面可以確認歸檔的作業是否正確；另一方面，若後製需要將影音同步處理時，可以此聲音為同步的依據。此外，影片之歸檔，命名規則最好能規劃出統一的資料夾名稱和檔案名稱。

5. 後製剪接及素材製作：後製的工作可能包括剪接、色調、字卡、素材、配樂、動畫製作等。後製完成後，應請授課教師觀看，確認是否符合原意，且能完整表達其意。

磨課師課程影片檢核表

檢核課程：_____　檢核單元：_____

說明	檢核項目	通過	待修正	備註
課程影片				
影片規格	影片長度（介於5分鐘～15分鐘）			
	影片檔案格式為MPEG-4			
	影像編碼（Codec format）為H.264			
	影像位元率（Bitrare）2Mbps～4Mbps			
	影片解析度1920×1080以上			
	聲音編碼（Codec format）為ACC			
	聲音位元率（Bitrare）128Mbps～256Mbps			
影片結構	具備課程影片片頭			
	具備課程影片開關			
	具備課程影片結尾			
	具備課程影片片尾			
	具備課程標題bar			
	具備著作權聲明標誌			
	字幕與影片獨立檔案製作，字幕檔為SRT檔案			
影片品質	音質清晰且穩定			
	音量大小適中			
	剪接穩定流暢			
影片智慧財產權	已檢檢附並通過智慧財產權審核表單			
課程教材				
說明	檢核項目	通過	待修正	備註
教材規格	格式為PDF檔			
	課程資料支援HTML 5格式			
教材品質	單元標示正確			
	字體大小適中			
	具備著作權聲明標誌			
教材智慧財產權	已檢檢附並通過智慧財產權審核表單			

檢核者	檢核單位主管
____年____月____日	____年____月____日
修正後檢核者	**修正後檢核單位主管**
____年____月____日	____年____月____日

圖2　磨課師課程影片檢核表

6. 字幕檔製作：字幕檔可由工讀生協助撰寫逐字稿，原則上以SRT格式儲存，以便日後之修訂或翻譯成其他語言。

7. 影片完成：影片完成後，先進行內部檢核，檢核之內容請參考圖2。通過內部檢核後，再準備送品保流程。

雲科大磨課師課程之推動已邁入第3年，為了使課程影片的拍攝流程更加嚴謹與流暢，能高效率地拍攝出高品質的影片，依據過去2年多來製作磨課師影片之經驗，定期檢討並思考改善措施，我們制訂了一些拍攝課程影片的標準作業流程（SOP）。此標準作業流程包含從一開始的徵件流程、教學設計、腳本製作、拍攝前準備工作、現場拍攝工作、後製、智財權檢核、品保檢核、課程經營等一連串的發展流程。制訂之內容舉凡工作分配、時程控制、檢核表、執行程序、注意事項、影片歸檔處理等，都詳細訂出標準作業程序，以及各種檢核表。對於影片品質的提升、拍攝工作的效率、以及新進人員的培訓皆有相當大的幫助。

若授課老師選擇自行拍攝，則由授課教師自行完成整個影片製作的流程。拍攝過程中，若需要相關的設備或技術支援，仍可由課程建置技術組提供支援。唯教師自行拍攝，仍需依既定時程將完成之影片送品保檢核，課程建置技術組也應隨時掌控製作進度。

三 硬體與軟體的投入

雖然本校資訊中心設有現代化專業數位攝影棚（一號攝影棚，如圖3），設備完善且維持良好，可提供本校發展數位課程教材以及提供本校設計學院學生學習之環境。

然而，本校於103年度開始投入磨課師之製作，其課程之拍攝往往需要配合錄製教師的時間，需安排固定且大量的時間進棚拍攝。若需與其他用途的拍攝共用攝影棚，則使用時間會被大幅限制。除此之外，本校制訂了磨課師之長期發展目標，為長期發展磨課師，學校高層決意特撥專款，

新建磨課師專屬攝影棚（二號攝影棚，如圖），並規劃逐年購置相關軟硬體設施，研發各種拍攝模式，供磨課師團隊拍攝使用。

圖3　多用途一號攝影棚

圖4　磨課師專用二號攝影棚

本校於104年1月開始啟用二號攝影棚，有別於現有一號攝影棚的錄製模式，導入全新攝影棚設備，使教師於錄製磨課師課程時，不會因為場地及設備限制，而必須捨棄或改採其他模式。爾後，若發生二個課程需安排相同時段拍攝時，亦可配合一號攝影棚拍攝使用。

影片製作的軟體方面，包含：可提供老師自行拍攝桌面錄製和剪輯的軟體Camtasia，以及容易上手的簡報錄製軟體Microsoft Office Mix。此外，還有剪輯後製的專業化軟體，例如Edius、Adobe Master Collection（含Photoshop、Illustrator、Premiere Pro、After Effects、InDesign）等。

三 拍攝模式

本校建置二號攝影棚時，同時也增購了各種攝影設備，讓磨課師之拍攝不僅限於棚內的拍攝，還可以適用於外景拍攝、桌面錄製、Light Board拍攝等不同的模式。接著，簡單地介紹幾個不同的拍攝模式。

1 實景訪談

實景訪談是在攝影棚中安排一人或多人的訪談，可依人數的多寡，安排沙發的組合，進行拍攝。拍攝時可配合一些道具來美化畫面，例如盆栽、瓷器、書架等；也可以加上電視輔助老師的講解。

以105年拍攝的「與自己對畫」課程的拍攝為例，因老師和參與拍攝的創作達人在討論作品時，需要在畫面中指出目前正在討論的是位於作品的哪個位置，若用後製的方式呈現作品，考慮到可能無法呈現人與作品互動的過程，所以就讓大電視入鏡，作品直接在大電視中展現，老師和創作達人可以在訪談的過程中，與作品直接互動。

圖5　「與自己對畫」的實景訪談側錄畫面

2 套用背景

使用此拍攝模式時，需要將背景設定成單色，通常是綠色或是藍色，主要是為了方便進行去背的程序。如果是使用導播機，可以利用導播機本身的去背功能，加上自己設定的背景，就可以依照講授的內容，即時變換背景。如果沒有使用導播機，也可以在後製過程中處理。圖6是103年拍攝的「當代應用心理學」課程採用的套用背景的畫面。

圖6　「當代應用心理學」的套用背景畫面

3 桌面錄製

桌面錄製是相當受到授課老師歡迎的拍攝模式，主要原因是只要一臺個人電腦、一個web-cam和錄製軟體就可以開始錄製了。老師不用到攝影棚，只要在家裡或是研究室就可以錄製；老師也不用被攝影棚的時間所約束，只要自己有空，隨時都可以開錄。

然而，老師在自己家裡或研究室錄製時，大多數會碰到錄製環境上的問題。例如，燈光不足、畫質不佳、背景過於複雜、收音不良、有環境音（像是汽車喇叭、小孩叫聲……）等。解決的辦法是使用品質較好的設備，並且試著調整環境，例如，加上燈光照明、攝影角度調整、加上麥克風架、軟體設定調校等。若還是無法解決，建議老師還是到攝影棚錄製，我們已在攝影棚中架設一個不錯的桌面錄製環境。

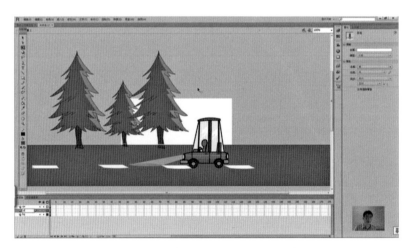

圖7　「2D動畫製作」的桌面錄製畫面

4 Light Board錄製

Light Board是一種特殊的拍攝模式，授課老師可以面向鏡頭「在空氣

中寫字」。這種拍攝模式很適合用在需要許多板書（例如導數學公式）、
或者是要示範畫圖（例如物理拋物線）的課程當中。Light Board的好處
是，老師不用背對鏡頭去寫黑板，而是直接面對鏡頭，讓學生可以看到老
師所有的眼神和動作。

圖8　「公民社會的哲學思考」的Light Board拍攝畫面

5 校園角落及外景拍攝

為了豐富拍攝的場景，當然不能把拍攝的地點局限在攝影棚內。校園
中也有許多美麗的角落很適合入鏡，例如圖9和圖10都是雲科大美麗的校
園角落，也被當作課程拍攝的場景之一。

圖9　人文學院一角

圖10　設計學院一角

　　除此之外，校外一些附近的景點，也可能成為拍攝的地點。以本校
104年拍攝的「大學生的必修課程──情感教育」為例，這個課程的課程
設計，每個單元都以情境短劇為開頭，讓學生看過情境短劇之後，老師再
引導出單元的主題，並以情境短劇為例子說明。所以在這個課程中，拍攝
了大量的外景影片，都是位於學校附近的地點。

圖11　「大學生的必修學分──情感教育」外景拍攝情境短劇畫面

第五章　課程品質檢核

◆ 胡詠翔 ◆

　　兩岸知名的雲林科技大學，近三年發展大規模開放式數位課程，之所以能稱霸臺灣與亞洲高等技職教育的數位學習市場，且每每在各大華人知名平臺開設全球磨課師課程，都能深獲海內外學子、社會人士進修、教育機構合作與企業界發展教育訓練，和產學共用教材肯定。從數位學習專業發展的角度分析，成功的方程式，其實跟該校所有磨課師課程，都是校內全新自產、多元行銷的成功應用策略有關。然而，當中最重要的原因，即是教師與學校能在數位課程品質檢核上，都做足功課。

　　本章就依據磨課師課程發展順序，「課程規劃與教材製作」、「上架後的線上課程帶領」以及「大數據與課程結束後的品質改善」三個階段，帶您快速認識磨課師課程品質檢核的重要性與實務。

磨課師課程，可以實現的「一人學校」新時代

　　在2009年，紐約市幾間學校開始一場名為「一人學校」（School of One）的寧靜教育實驗。有趣的是，這個實驗計畫的教育宗旨，不是為了因應少子女化的政策產物，也不是實現小班小校的教育主張。反而就是結合數位課程可以「被重複使用與模組化」的特性，再經由「教育大數據分析」的穿針引線，支持學生「自我調整學習進度」（self-regulated learning）的一種適性學習方案。最終，在傳統的學校教育機構，實現「以學生為主體」與「學習客製化」的實驗教育。

　　值得一提的是，這些學校不但歡迎「程度不一的學生」齊聚一堂，一起「接受一位教師輔導」各自展開自學進度。經評估學習表現後，更發

現這群學生會比傳統教學法的學生，再多學60%的學習內容（相當於一年半的課程）。然而，這個來自美國的成功案例，對於我們教學現場教師或學校，特別是第一次開始著手進行磨課師課程品質檢核與規劃工作時，又帶來了什麼啟示？我認為當中有許多關鍵的元素，正好提醒了我們教師或學校當局，準備檢核「磨課師型態線上學習」的工作原則與關切重點。因此，這個章節中，我們將與您一同走入磨課師實現的一人學校時代（School of One），進一步分享「磨課師型態線上學習」，在課程品質檢核的想法、工具與案例。

為了方便您回到教學現場後，都能實際展開一個「系統化的課程品質檢核架構」；或是站在學校行政角度，提供「健全的磨課師課程品質檢核支持系統」。本章將基於當代磨課師課程，如何「以學習者中心」的教育哲學，同時採用輕鬆簡單的描繪方式，依序針對未來教師或學校，經確立開設磨課師課程與方向，並實際投入教材發展到課程上架後的各階段中，所有可能涉及提升課程品質與建立檢核指標等相關議題，進行結構化的詮釋。

閱讀順序，建議初次發展課程的教師與學校，先依序快速瀏覽一遍。接著，再依據實際進行的階段，跳節參考檢視。對於已經具開課經驗教師，同時有意提升課程品質的學校，也可將本章作為提高品質、優化課程的工作審視方向。

一 課程規劃與教材製作階段

依循「系統化教學設計」，是確保教學品質關鍵

在教師與學校共同確立欲開設的課程後，即進入到磨課師課程規劃教學單元影片拍攝，與評量方法選擇的課程規劃，以及教材製作階段。在這個階段，幾乎所有教師與學校教材製作團隊，都立即遇到一個棘手的問

題，那就是「如何將印象中的小規模課室教學，轉換爲線上爲主的大班虛擬教室」。姑且不論隨之而來馬上要克服，諸如：上鏡前的緊張情緒、或是最常見如何將面授教材調整爲開放式課程的轉化或再製的困擾（例如：檢視智慧財產權、因沒有課本與黑板環境改變的調整等）等問題。

此時，每一位優秀的磨課「老師」，請更要在這個時候，將「系統化教學設計」的原理，謹記在心。

我的理由是：當您第一天成爲磨課師專案的授課教師時，勢必立刻要在有限時間內，籌組一個專案小組（如：可協助再製教材教具、具有攝影、剪輯相關能力人員）；若所處學校有較多預算規模或拍攝輔導經驗，說不定還可以依賴更多來自行政提供的資源協助，諸如：操作攝影器材、協助後製剪輯等團隊（有些學校是設在教學發展中心或是計算機中心內）。尤其當團隊一建立，老師們幾乎就會開始陸續接收許多數位課程製作，或影片拍攝等其他專業領域人員的寶貴建議，並且通常「沒有太多說不的空間」或「協調的餘地」。小至鏡頭前的衣服穿搭、可以如何用手指著錄影現場根本看不到的圖表，大至拍攝腳本的創新想法或鋪陳等。

出乎意料的，許多教師這時才真正體認到，原來自己記憶中這門過去再也熟悉不過的專業領域教學，似乎不會因爲拍攝團隊與專案小組的介入，而減輕原先有關課程規劃與教材製作的負擔，甚至不知道怎麼開始進棚錄影教學。尤其是許多教師與團隊，一股腦兒的規劃非常多的時間在「處理教材」（將原先的紙本教科書或PPT簡報檔案，轉化爲各種形式的媒體，作爲實際拍攝課程背景或解說畫面之用），而忽略了最基礎的系統化教學設計，教師仍必須兼顧由「分析」、「目標」、「教材」、「教法」、「評量」與「持續改善」各元素組成的等教學設計概念。

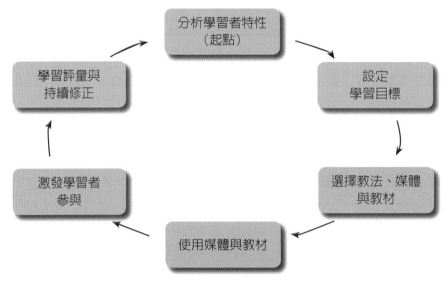

圖1　ASSURE系統化教學設計概念圖

　　製作階段若沒有納入系統化的教學設計，會增添日後課程經營的麻煩。 如果您曾有瀏覽海內外線上幾個知名的磨課師課程的經驗，不難發現，有些課程內的各個小單元影音課程，看不到也聽不到老師交代清楚的「學習目標」，或是說不清楚學員看完這個單元影音課程後，可以「具備什麼樣具體的能力」。甚至在單一影片裡，出現「超過一個以上的學習目標」，特別是那些很長的影片，往往都有這個現象。有趣的是，縱使教育心理學家、認知心理學家或是新廣播媒體人的研究與經驗都告訴我們：「……將學習切割成小的學習段落，能讓學習容易達成，而有較高的成就動機與繼續學習意願；為了避免認知學習的負荷，教師提供的資訊量不宜太大、教學影片時間不宜太長……。」

　　實際上，許多老師在拍攝課程影片時，仍比照課室教學模式，將40～50分鐘的一堂課，規劃成一個磨課師單元教材。一氣呵成的結果，使得許多磨課師課程，教材時間長度雖不長，但卻往往是依賴後製剪輯技

術，硬生生剪出連續劇式的系列影片現象。

　　其實這種策略，不但不利於日後觀看者的學習進度規劃，更因為專業剪輯人員對知識內容的不熟悉，在不合適的地方中斷課程，將直接影響未來學習者的學習體驗，更大幅提高後續教師或助教線上課程帶領與經營課程的難度。

建議老師這樣做：

　　一單元課程規劃的影片拍攝腳本，教師必須主張以一個清楚且具體的學習目標為最小單位。且提供基於這個學習目標，必要發展出的學習活動。例如：是否設計影片中需暫停頓的小評量（答題後才能往下看，或進到下一個學習），或是繳交一份同儕評量的作業。請留意，彼此是否環環相扣。

課程品質檢核答客問：我可以使用實體課程或演講的側錄畫面，成為磨課師課程的影音教材嗎？

- 不建議。除了影像，收音品質的憂慮外，經由前述討論，也不難理解若將實體課程、講座側錄影片，直接再製成磨課師課程，會因為不明確的學習目標、影片段落切割的困難，而造成學習內容不完整，導致學習者不容易接續前一次進度，或提高管理自己學習進度難度等問題產生。降低繼續學習意願的同時，自然不利修完課率。
- 目前仍有學校的磨課師課程，採用側錄OCW影片，包裝後重新上架（加上片頭、片尾與單元字幕），但我們可以發現這些課程通常具有「節奏慢」、「講學主體不明確（磨課師學員會明顯感覺到自己是教師的觀察者，而非教師講學的主要對象）」，「影音、輔助教材內容不清楚」等現象。

　　拆解成小單元的磨課師課程影音教材，卻時常出現沒有揭露單元學習目標的有趣現象。這可以追溯許多老師在一般課室教學中，可能就沒有養成告知章節學習重點的習慣。或是忽視正課開始前，教師若能清楚揭示學習目標，對學習者的幫助與影響。但多半是因為這個角色早已被現在坊間的教科書編輯團隊取代（多已在各章節一開始就附上單元學習目標、重點摘要）。這讓許多老師與教材設計團隊，在實際轉換既有上課教材成為磨課師素材時，往往會因為學習目標根本就不存在於補充講義與上課投影片中，直接疏漏這一項重要的環節。

　　依賴教科書的章節編排結構，更讓某些老師的磨課師小單元，使用教科書章節的切割方式，作為討論教材腳本的最小單位。結果不但造成前面談到過的單一影片知識傳遞量過大問題，更讓一段單元教材影片同時納入多個學習目標，造成時間長度過長的問題。這些都必須靠學校（或教材製作團隊）與教師溝通過程中，可以主動提出提醒與確實避免的部分。

建議學校（或教材設計團隊）這樣做：

　　可引導教師在進行單元切割時，跳脫實體課程18週的教學習慣。在腳本會議的討論中，可以適時建議老師每次的小單元影片腳本，即是以一個具體學習目標為最小單位撰寫。這不但對於後續影音教材的模組化，有實質幫助（即重新排列組合，其他課程欲傳遞相同概念，則可省去再製時間），更能夠確保學習者能夠調整學習（即可跳過已學過的小單元，或可隨時重新複習）。

　　為了兼顧每一小單元教材的「獨立完整性」，建議腳本發展依循教學活動的三個程序呈現，分別是：一、教學前的準備活動；二、主要學習內容的發展活動；三、單元結束前的綜合活動。

　　準備活動：例如引起學習動機、揭示學習目標、帶出前後知識關聯性（回顧舊經驗）、課程預告、實習材料準備或教師期待等。

發展活動：即指教師開始交互運用各種策略（如：講述、提出疑問、討論、示範），呈現主要學習素材與內容。

綜合活動：例如結束前的單元總結（重點整理）、提出延伸學習資料、作業（或小測驗）要求等。

當代的磨課師課程，其實正如同本章分享「一人學校」的成功案例一樣，必須賦予學習者能夠彰顯「專業師資、一人教育、集體學習」這種高度適性化學習的價值。任一學員，在享受每一門磨課師課程的氛圍中，實際上都被賦予了高度自主學習、自我調整學習進度的彈性與新世代數位學習的優勢。因此，在課程規劃與教材製作時，我特別提出了發展與檢核課程品質的規準──是否符合系統化教學設計。

簡單說，在課程規劃與教材製作階段，教師與學校就要能著手檢核教材開發並引導產出成果品質，都能夠清楚展開教學任務與呈現其學習目標（準備活動），並有清楚的教學材料、教法選擇（發展活動）與評量設計（綜合活動）。

本章發展出一份「課程規劃與教材製作階段」課程品質檢核工具，作為範例，提供給有興趣的教師與學校參考：

表1 「課程規劃與教材製作階段」課程品質自我檢核工具

課程名稱			單元編號	
單元名稱			開課教師	

項次		指標項目	檢核結果
準備活動	1	教材以「單一學習目標」為原則，規劃主要教學內容	□ 通過 □ 待討論
	2	教材以合適方式清楚揭露學習目標	□ 通過 □ 待討論
	3	教材中傳遞的知識內涵，與學習目標描述一致	□ 通過 □ 待討論
	4	教材符合教育的自願性－協助引起學習者學習動機，完成學習準備	□ 通過 □ 待討論
發展活動	5	教材符合教育的價值性－傳遞有用且正向的知識內涵，可提升學習者專業能力（符合產業界觀點、學術界觀點、人類社會普世價值）	□ 通過 □ 待討論
	6	教材符合教育的認知性－傳遞正確的知識內涵，沒有錯誤	□ 通過 □ 待討論
	7	教材能因應不同知識類型，調整教學方法（如搭配影片習題或安排講座、短劇）	□ 通過 □ 待討論
	8	教材選擇的教學素材（文字、影音、圖片、提供下載資料等），清晰簡明，有助學習	□ 通過 □ 待討論
	9	教材再製的教學素材（文字、影音、圖片、提供下載資料等），沒有違法或智慧財產權疑慮	□ 通過 □ 待討論
綜合活動	10	單元結束前，已規劃合適的總結學習策略（如重點摘要、提出問題、評量、測驗、作業、延伸學習資料等）	□ 通過 □ 待討論

　　最後，在各單元的影音教材產出後，教師與學校可別忘了做好「**教材與規格的一致性**」評估，以為下一階段公開課程與教材上架預作準備。這個部分其實很簡單，就是確保最終輸出的影音教材等規格，是否都能被合作的課程公開平臺接受。同時，再次瀏覽是否在智慧財產權的問題，都已經排除或做好適當的註記（按：請另見專章：第六章智慧財產權議題）。有些教師為了後續課程經營與教育行銷，會預先安排學生觀看後，反饋意見回饋，是很好的做法。我更進一步建議，各校不妨可以考慮邀請拍攝課程教師，結合校內教務處或教學發展中心，共同辦理「小型試片會」活動。不但能從回饋單中徵得學生意見，即時改善，也巧妙預告新型態數位學習課程，即將上架訊息；不但能宣傳與感謝教師辛勞成果，還能內銷學校自製磨課師品牌，應該也是一種可行策略。

　　當然，教師與學校都可以自行發展一些簡單的「教材與規格的一致性」檢核工具。以下，我們就分享雲林科技大學自行設計，用在影片完成階段後的「課程影片檢核表」、「學生觀看回饋單」與「業界回饋表單」。

表2 課程影片檢核表

磨課師課程影片檢核表

檢核課程：_____檢核單元：_____

課程影片				
說明	檢核項目	通過	待修正	備註
影片規格	影片長度（介於5分鐘～15分鐘）			
	影片檔案格式為MPEG-4			
	影片解析度1920×1080以上			
影片結構	具備課程影片片頭			
	具備課程影片片尾			
	具備課程標題bar			
	具備著作權聲明標誌			
影片品質	音質清晰且穩定			
	音量大小適中			
	剪接穩定流暢			
影片智慧財產權	已檢檢附並通過智慧財產權審核表單			
課程教材				
說明	檢核項目	通過	待修正	備註
教材規格	格式為PDF檔			
	課程資料支援HTML 5格式			
教材品質	單元標示正確			
	字體大小適中			
	具備著作權聲明標誌			
教材智慧財產權	已檢檢附並通過智慧財產權審核表單			

檢核者	檢核單位主管
___年___月___日	___年___月___日
___年___月___日	___年___月___日

資料來源：雲科大磨課師計畫辦公室。

表3 學生觀看回饋單

雲林科技大學磨課師課程影片——學生觀看回饋單

觀看課程名稱：＿＿＿＿＿＿觀看週次：＿＿＿＿＿系所：＿＿＿＿＿＿

項目	非常同意	同意	不同意	非常不同意	無法作答
一、影片內容					
1.本週次影片的教學進度對您來說非常適當（進長不會太快也不會太慢）	☐	☐	☐	☐	☐
如有太快太慢可以說明哪些片段，如無則可不用填寫：					
2.看完影片，對於本週次的教學內容獲益良多	☐	☐	☐	☐	☐
請舉例幾個您印象深刻的片段和內容：					
3.即使是影片上課，可以感受到，老師在影片當中與您有互動性	☐	☐	☐	☐	☐
請舉例您覺得有互動的部分。（如無可以給老師點創意喔，或者你希望怎樣互動會很有趣？）					
4.看完這週次影片後，會很想趕快看到下週的教學影片	☐	☐	☐	☐	☐
二。整體評估					
1.整體而言，觀看數位教學影片會比實體授課還吸引你、覺得更有趣	☐	☐	☐	☐	☐
請舉例你覺得兩者不一樣的差異：					
2.整體而言，觀看教學影片會比上課幫助您更容易學習	☐	☐	☐	☐	☐
請舉例你覺得兩者不一樣的差異：					
3.整體而言，觀看教學影片比實體上課更能讓您專心學習	☐	☐	☐	☐	☐
請舉例你覺得兩者不一樣的差異：					
4.整體而言，觀看完後，會想推薦給好朋友或班上的同學看	☐	☐	☐	☐	☐
推薦原因					
心得回饋與建議（看完影片想對老師說的話，之後有比較想學到什麼、有哪些聽不懂需要詢問的？或有什麼創意拍法的建議？）					

負責單位	歸檔單位
年　　月　　日	年　　月　　日

資料來源：雲科大磨課師計畫辦公室。

表4　業界回饋表單

國立雲林科技大學MOOCs課程品保──業界回饋表單

審核課程：	授課教師：	觀看週次：

建議與回饋	
腳本	
鏡頭	
場景	
音效	
後製	
整體	

日期：　　年　　月　　日

負責單位	歸檔單位
年　　月　　日	年　　月　　日

資料來源：雲科大磨課師計畫辦公室。

二 上架後的線上課程帶領階段

當所有的影音教材錄製完成，搭配知識的結構順序排列組合、再當中設計穿插些許小測驗（實習）或作業等學習任務，並上架最終整合成為一門磨課師課程後。接著，身為磨課教師，我們該如何確保這群（可能是很大一群）擁有不同教育程度、原就讀不同學校、因為不同的學習動機、來自世界各地、有著多元生活與文化背景、利用不同學習時間，且最終決定註冊進入您的虛擬課堂學習的線上學習者，都能擁有「專業教師、一人學校、集體學習」的結構化學習體驗，似乎就是影響磨課師課程成敗的關鍵。

「互動」與「豐富學習者經驗」即是唯一檢核標準

我們當然可以利用現代攝影技巧（多數是要練習眼睛直視鏡頭，又要面帶微笑），讓畫面上的教師看起來更親切可人；也可以應用最新虛擬棚與電腦動畫技術，進一步強化知識教材的視覺傳達，或將抽象概念3D實體化展現出來。不難想見，課程專業教師的形象，很容易就能透過酷炫影音、高速網路與行動載具，在學習者那一頭的螢幕中，輕鬆建立起來。甚至，一人學校的理想，也可以簡單因為非同步學習展現的自選時間、地點等自主學習優勢，還是讓線上學習者接收教師影音教材中眼神接觸的感動等，直接傳送到每一位線上修習：磨課師的學習者眼前。但是，也因為目前磨課師課程，扣除翻轉教學、面授實習或大規模的統一認證考試外，幾乎在教育平臺上的學習，全部都屬於非同步遠距學習的性質。**我們如何豐富磨課師開設期間集體學習的教育體驗，激盪同儕學習（競爭或合作），善用高度異質性組成、混齡個體間的交互交流，將使得影音教材以外的學習經驗，變得充實與驚豔。**

因此，這一節將針對磨課師課程上架後，老師與學校可以如何確認「線上課程帶領階段」的課程品質規劃與自我評估，進行一些討論。**為了**

深入聚焦，我們就以「打造『集體學習氛圍』的磨課師虛擬教室」爲核心價值，提出以下四個提醒。（按：由於目前線上課程帶領應用在大規模開放式課程的討論較少，且線下輔導的翻轉教室策略成功案例眾多，隨時都有虛實整合學習的創新應用被提出。本小節僅就在線的線上課程帶領課程品質，進行討論）

提醒一：是否能持續提高學員的學習動機

在個性化學習的時代，單向的教育傳遞似乎不再能引起學習者的興趣。因此，一套引導磨課師線上學習者(1)參與課程、(2)介入課程、(3)影響課程到(4)共享課程的「磨課師線上教育價值鏈」就應該要被建立。

還記得Web2.0後強調使用者參與的線上環境，早已是跨越社群網站，成爲當代網路服務發展的一種通用設計代名詞。這暗示我們所有磨課教師與學校一件重要的事情。那就是：「……如果磨課師課程是多以影音教材爲主要單向傳遞知識內涵的手段，那麼吾人若還不認眞思考如何在有限的平臺互動功能中，積極開創課程的參與感。其實就已不知不覺成了，努力要在『以使用者爲主體』的潮流中，閉著眼睛，卻奢想還能帶領大批人馬，重回e-Learning 1.0石器時代的摩登原始人了……」

許多老師也注意到這個現象，除了會在學員在首次上課登入時發送歡迎通知，營造友善的學習氣氛外。在線上課程帶領中，更進一步透過布題技巧，積極設計學習討論問題，並鼓勵學習者在討論版上發表留言（即讓線上學習者分享看法與貢獻教材策略）。同時，教師或助教也不定期參與互動，還鼓勵有想法的學習者，不只提供想法，若是相互教學，可經由老師或助教的回覆，直接給予肯定（即鼓勵線上學習者擔任小老師工作策略）。不只如此，在雲科大的「2D動畫設計」課程中，老師們爲了提高學習者的參與感，更以融入課程教材的方式，將學習者上傳的優秀作業，於往後的教學影片中崁入並給予表揚（即將線上學習者產出變成教材與課程一部分的策略）……。這些案例都在在凝聚學習團體，對於課程的參與

感，同時也強化學生間、學生與老師間的互動。

其實，要提高課程參與，是可以不受到合作開課教育平臺功能限制的。雖然，目前常見討論版、聊天室、測驗與作業上傳，可能不像社群網站有高度分享的功能，但至少都是最基本常見的互動機制。至於，要如何跨過平臺先天互動功能不足所造成的藩籬。我個人認為，只要是以提高課程的參與感為目的，開放虛擬教室的每一個角落為策略，答案就在教師如何「樂於分享磨課師課程經營的空間，並降低教師與學習者角色差異，翻轉教師個人信奉自己是教室裡唯一知識傳遞者的心態」中。

無論如何，我們都必須承認，在今日網際網路時代，線上學習者隨時都能輕鬆使用搜尋引擎，不費吹灰之力，就查找到更多、更新、更多元、更在地的相關知識；至少集體智慧，若是有機會加起來，那可絕對可以超越教師一人備課教材，可以接觸或使用到的資訊。

建議學校這樣做：

　　學校可以規劃在教師將教材上架前，辦理平臺功能使用與開課經驗傳承的「教育訓練研習工作坊」。這些校內外有開課經驗教師的提點，或安排上機觀摩其他線上開課課程的活動，都將有助於即將開課的教師，即時規劃未來如何進行虛擬教室的班級經營的典範與創新作法，最終凝聚線上學習者(1)參與課程、(2)介入課程、(3)影響課程到(4)共享課程。

提醒二：非同步討論議題活動設計，是否清楚明訂學習互動規則

課程討論版與即時聊天室，是目前最多磨課師課程平臺開放師生使用的互動功能。若是要契合磨課師線上學習非同步學習屬性，平臺需要保存歷史言論供使用者查詢（爬文）的需求而言。我想許多教師都會同意，

採用課程討論版，是優於即時聊天室的選擇，且更可以幫助每一位線上成員，投入持續的討論或合作學習。因此，許多教師一開始在規劃磨課師影音教材中的討論問題，或是臨時對學習者發布討論題目或徵求課後心得時，也多會將參與課程討論納入規劃；在正式開課後，更會積極鼓勵，並開放線上學習者，都可以自在地將學習言論，發布至課程討論版。

唯獨，如何善用討論版並有效經營，以完成學習討論任務的線上課程帶領，反而是老師們容易忽略的環節。尤其，一旦沒有事先明定討論版的「互動與發言規則」，就極可能讓進行中的討論活動中斷；或是，後續希望跟進討論的學習者，因為感到回覆參差不齊或查找爬文的不友善，而放棄參與教師原先規劃線上學習者間交流互動的機會。

尤其是當課程上軌道後，許多學習者將會大量使用討論版，當成學習過程中，發問問題的互動窗口（按：通常課程討論版是學習者能獲得發文權限的地方，且他們都很清楚，很少人會一直待在即時聊天室裡，因此不容易得到回音）。有趣的是，提問或貼文種類絕對是包羅萬象。例如：可能是不同週次單元的疑問，或是單純尋求平臺操作問題的技術支援，心得／好文分享……等。這時候，若是老師或線上課程帶領的助教，沒有事先建立發言規則，例如：

- 發文前爬文，避免重複發布同類型問題。
- 學員應比照BBS，採主題式的深度發言，且不要在某一議題討論版中，發起新的問題討論（請另發起新的主題）。
- 避免談論與課程不相干的事情（如商業行為、政治時事、徵友公告）。
- 平臺技術或觀看影音課程問題排除，於固定主題版下提出。
- 主旨處備註類型標籤（tag）（如：課程資料分享、週次學習困難求解、作業問題詢問）等規範。

那麼當討論版已經資料雜亂時，就會影響線上學習者使用，或是增加教師與助教與使用者互動的困難。

建議老師這樣做：

1.建立討論版「沙盤（Sandbox）」：好讓初次使用討論版的學習者，可以演練發布功能，且不會影響其他正式討論版運作。

2.分別開獨立版解決「平臺或影音教材技術」、「作業上傳」問題：同時，整理過去「學習者詢問問題」或提供「常見問題集」，提供學生查找。

3.預先開設好「討論議題」討論版：讓學習者能依照學習興趣，深度討論。

4.事先公告「互動與發言規則」，並發布於醒目的平臺位置。

5.可以請助教在討論發散或違反發言規則時，適時輔導並提醒討論方向。

6.在討論告一個段落或達到教師預期規劃時，可以發文作「摘要整理」並提供「正面回饋」。

最後，有關「非同步討論議題」的教學活動設計，教師可以參考以下檢核表，或搭配學校建議的相關作法，自我評量，以確保討論課程的學習品質。

表5　「非同步討論議題」教學活動設計的自我檢核表

課程名稱			開課教師	
項次		指標項目		檢核結果
討論前	1	是否有清楚建立學習討論版的「互動與發言規則」，並對線上學習者公告。		☐ 通過 ☐ 待討論
	2	是否預先發布清楚討論主題，以刺激學習參與。		☐ 通過 ☐ 待討論
	3	是否有搭配課程公告，或於影音教材中發布討論學習活動的相關訊息（含起迄時間），以鼓勵學習者參與。		☐ 通過 ☐ 待討論

課程名稱				開課教師	
項次		指標項目			檢核結果
討論中	4	是否有安排助教或教師參與回應機制，協助掌握討論方向，並輔導不超出議題與課程範圍。			☐ 通過 ☐ 待討論
	5	是否規劃教師或助教，能於討論進行到一定階段時，協助摘要階段性討論成果，以激發深度討論。			☐ 通過 ☐ 待討論
	6	是否規劃教師或助教，能適時給予線上學習者正向的回饋意見，或即時補充意見說明。			☐ 通過 ☐ 待討論
討論後	7	是否規劃將整理最終討論學習成果，彙整摘要，公布於討論區。			☐ 通過 ☐ 待討論
	8	是否能盤點學習者普遍提出的問題或學習難點，再透過影音課程或補充說明方式，發布補充教材或新增單元講次，肯定合作表現與回應學習需要。			☐ 通過 ☐ 待討論
	9	是否能重新檢視議題討論熱絡或冷清的可能原因，以作為下次議題設定與討論活動規劃參考			☐ 通過 ☐ 待討論

提醒三：是否有效設計同儕評量，豐富線上作業與評量體驗

在磨課師課程線上課程帶領的評量活動環節中，教師設計同儕評量的線上課程帶領活動，也是一個常見容易被教師疏漏的課程品保問題焦點。

正因磨課師本身的修課人數，幾乎都是教師現行課室開課規模的十倍，甚至高達好幾百倍以上。究竟要如何順利實施與發展，有別於電腦施測（含閱卷）以外的創新多元學習評量，自然變成磨課師課程發展與教學品保的一大難題。坊間，因此有教師開始沿用一般課室教學中，常見的「同儕評量」（peer assessment）技巧，搭配教育平臺的「隨機作業派送與同儕評量回饋機制」。鼓勵線上學習者，在各自瀏覽同儕約3～5份作業後，給予系統反饋意見或分數，替代教師或助教批改的傳統作法。

所謂的同儕評量（又稱同儕互評或同行評量），根據教育學者的定義，其實最好能要應用在有相似背景、年齡與學業狀態相近的學生團體

中實施（Topping, 1998[1]; Sluijsmans, et al., 1999[2]，Falchikov & Goldfinch, 2000[3]）。使學生能嘗試由教師的觀點，同時扮演教師與學生的雙重角色，在觀摩中產生相互教導、相互學習與評量回饋的學習行為，也能達到自我評量的目的（Boud, Cohen & Sampson, 1999[4]）。然而真實的情況卻是，我們實際上擁有的是一群高度異質性、混齡學習的磨課師學習者。這好大一群人，不但沒有相似背景，更別提因為自主學習，而造成學習進度不統一的差異化學業狀態。

那麼從課程品保的角度，我們將特別關心：教師能否因應這樣一個已知磨課師專屬情境，而在同儕評量活動的線上課程帶領中，提供具體的評量參考標準，或是一種評量參考架構（unique frame of reference）（Ammer, 1998[5]），讓學習者能真正理解如何扮演教師的角色。一個可行的作法，是由教師建立「評分規程表（Rubrics）」，提供線上學習者在同儕評量前使用。

目前，已知「評分規程表（Rubrics）」，除了可以用來向學習者說明教師對於作業成果所期待的標準，也可以讓同儕評量活動，能夠有具體可操作的一種共通性、提高評量客觀性與公正性的工具。

---

[1] Topping, K. (1998). Peer assessment between students in colleges and universities. *Review of Educational Research*, 68, 249-276.

[2] Sluijsmans, D., Dochy, F., and Moerkerke, G. (1999). Creating a learning environment by using self-, peer- and co-assessment. *Learning Environment Research, 1*, 293-319.

[3] Falchikov, N. & Goldfinch, J. (2000). Student peer assessment in higher education: A meta-analysis comparing peer and teacher marks. *Review of Educational Research, 70,* 287-322.

[4] Boud, D., Cohen, R., & Sampson, J. (1999). Peer learning and assessment. *Assessment & Evaluation in Higher Education, 24*(4), 413-426.

[5] Ammer, J. J. (1998). Peer evaluation model for enhancing writing performance of students with learning disabilities. *Reading & Writing Quarterly, 14*(3), 263-276.

建議老師這樣做：

簡單說「評分規程表（Rubrics）」，就是在建立一套雙向度表格。通常其中的一個向度，代表的是該作業所有要「被評量的指標構面（Criteria）」；另一個向度，則是可以被依照教師過去教學現場實際測驗評量與衡量學習者表現經驗，所自行切割成3到4個層次「代表學習表現的精熟水準（level）」。至於列聯表中間，則是二個向度所構成的說明文字，界定每一個評量指標構面的精熟水準狀況。

作業的給分方式，就是由教師提供每一個指標構面，不同的加權規則，最後由學習者協助計算出之加權組合結果。

提醒四：是否提供線上學習者，即時回饋教學滿意度機制

在一般的正規教育或非正式學習活動，只要是有結構化的教學策略，我們都會要求建立教學滿意度的回饋機制。在以學期為主的學校教育，常見的回饋機制，通常是分階段（如期初、期中、期末）提供「教學滿意度問卷」的方式，系統性的搜集與調查，學習者的意見，並作為下一階段教學的改善參考。實際上，這樣的一個作法，若是也能夠被有效地移轉到磨課師線上虛擬教室中，自然也是不錯的意見徵集策略。

值得一提，教師在轉換學校問卷到磨課師情境時，必須考量學習情境的改變，進而調整合適的評量項目。但考量磨課師課程不像一般學校正規教育，有強制學習的特性。因此，此時的教學意見調查，就必須要能夠發揮「有利課程穩定經營」與「缺失立即改善」的重要功能。那麼相較於學校教學意見調查，線上磨課師在設計教學滿意度問卷或相關機制時，就必須兼顧調查與改善的「時效性」。所以，我認為提出快問題（快）、好問題（狠）、少問題（準），將是教師或學校未來設計磨課師教學意見調查

機制，可以考慮的三大原則。

　　快問題，強調的是問題必須在課程經營的初期，就即時拋出。主要希望獲得立即回饋，因此調查的時間不必太長，才能馬上進行可行範圍內的立即改善。我個人認為最佳的調查時間，是第一次發布影音課程的同時。

　　好問題，則必須考量調查後的改善可操作性。對於任何學習者而言，樂於提供回饋意見的動機，在於期待能積極獲得正面回應（調整改善）。因此，教師在設計問題時，必須考量是否能夠在程度內進行調整或改善。若是對於一些教學設計或未來活動安排，還能有所取捨，而希望了解實際學習者的需要或操作端的心得意見時，就是最好的題項材料。換句話說，有關整體課程的滿意度，或是必須大規模更動，還是沒有能力即時改善的題目，建議保留到課程尾聲，再行調查。

　　少問題，強調的是透過極少的題目，吸引學習者提供反饋意見。則是相較於學校教學滿意度問卷，通常由較多的問題組成許多構面的方式，反而在磨課師課程的問卷設計上，必須要有明確的主題性，同時搭配快問題策略，針對教師有疑問或欲積極了解的項目，請學習者反饋意見。我對最佳題數的建議，則是一題即可，比照入口平臺網友民調方式，亦能提高填答率。

三 大數據與課程結束後的品質改善

　　關心課程結束後的品質改善，也是磨課師課程的重要環節。然而，這個環節不只關心教學法的調整，還包含了教材的微調。因此，我們可以說課程結束後的課程品保，主要就是磨課師課程在教材教法的持續優化工作。此外，就評鑑課程本身的教學成效而言，教師與學校是否也善用「完課率」以外的多元量化指標，具體詮釋，提供後續是否持續開課與對外課程行銷的參考。事實上，是可以結合學校內的校務研究中心（或巨量資料中心），協助盤點、搜集、整理與應用，合作平臺中提供的大數據統計。

這一節，談的就是大數據與課程結束後的品質改善策略。

善用視覺化資訊圖表，追蹤學習軌跡，進行課程改善與教育行銷

　　大規模的開放式課程，帶來大量的線上學習者與學習行為資料。若是能夠善用這些量化資料，搭配簡單的軟體工具，或平臺管理後臺呈現的圖表資訊，勢必能夠對於教師改善課程，行銷課程與學習行為追蹤，產生一定幫助。

　　由於各個磨課師課程平臺提供的數據資料，相當不一致。因此，在這邊也建議教師與學校在決定簽約合作平臺時，除了考量現有平臺規模、操作介面方便性、收入拆帳方式、簽約金高低、教學互動機制、平臺客群等環節外，務必要積極了解後臺提供的數據服務，是否能夠滿足教師教學與課程管理需要。**值得一提，教師能夠獲得越多、越合理的線上學習者行為軌跡資訊，將對於教師經營課程中的即時修正，以及課程結束後到下次開課前的評量調整，或是學校評估是否持續投資開課，都是非常重要的客觀建議。**縱使，本身不具教育統計專長，或開課期間忙於線上課程帶領，而無暇留意統計數據，但只要無法取得數量化的資料，就自然無法進行後續的數據加值應用，是非常可惜的。

　　以下，便簡單列出坊間幾個平臺，提供給教師後臺使用的資料。

表6　坊間磨課師平臺「後臺數據資料」一覽表

平台名稱	數據資料內容
ewant	選修人數、學習者背景、性別、年齡、最高學歷、職業狀態、就學狀態、所有學習者國籍地區、課程通過者國籍地區、進入課程次數與人數、各單元影片瀏覽次數與人數、各單元教材瀏覽次數與人數、瀏覽測驗及填答次數與人數、討論區瀏覽及發文次數及人數
ShareCourse	課程大綱瀏覽總次數、課程報名人數、影片練習瀏覽總次數、各個小節觀看資料、課程教材下載次數、整體課程瀏覽資料、討論區使用者數據、討論區資料、作業成績、測驗成績及測驗紀錄

資料來源：作者製表

　　教師或學校一經取得數據資料後，就可以「自訂議題」，或委託校內校務研究中心（或巨量中心）協助，整理出許多有用的參考資訊。同時，相關議題的設定，也能幫助教師自我評估單次課程的教學品質，或學校對外發布、檢核歷年累計開課質量等課程品保佐證參考。

　　以下，便以雲林科技大學校務研究中心為例，展示大數據如何能從學校提供的蒐集各次開課的數據資料集中，將某門課程的學生學習資料，加值整理成有用的視覺化資訊，供教師與學校參考。考量篇幅限制，僅就「歷年課程品質評估」、「歷年修課人數變化」各舉一例。

示例一：歷年課程品質評估（以A課程為例）

　　除了「完課率」的追求外，課程中另一需要評鑑的就是「課程通過率」，亦即「統計有完課事實的線上學習者，其達到評價標準，並取得教育證書的比率」。以下的圖表，就是雲科大校務研究中心，取得同一門課程（A課程），學生修課與取得證書數據資料後，轉化出歷年開課共三次，學生通過率圖表。可以看出2015年春季班的不及格率為10.10%，同年秋季班則為14.21，隔年春季班則略為下降至13.60%。整體來看，該門課程的通過率維持約落在八成五至近九成間（如圖2）。可以說，教師目前的線上課程帶領教學法與教材設計，目前已能幫助絕大多數完課的線上學習者，通過課程的考核標準。

圖2　2015至2016年間A課程歷次開班通過率

（資料來源：雲科大校務研究中心，2016）

示例二：歷年修課人數變化（以A課程為例）

　　磨課師課程的人數變化，起起落落。但這些漲跌幅是否是教師能夠預期或落在可接受範圍內，甚至是對照是否曾有內部教育合作政策改變，或是否必須積極回應並作出相對應調整，其實都需要數據資料支持。只要能取得平臺中的學生修課資料，就可以藉由簡單統計方法，一窺歷年修課人數變化背後的成因，達到這個目的。

　　從下圖3中，我們就不難看出A課程的選課人數，有明顯下滑趨勢（從2015年春季班1,287人，到2016年春季班456人）。

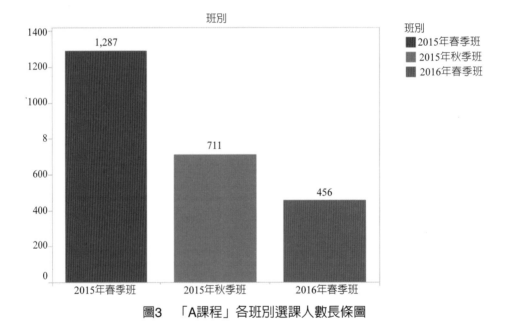

圖3　「A課程」各班別選課人數長條圖

　　然而，若要深入挖掘究竟是哪些學生來源遺失，或是策略上是否要有進一步的調整，就必須另外應用「學生來源資料」欄位的追蹤，才能一窺端倪。

　　從下圖4中，我們可以輕易地發現一些事實，那就是這門課程在2015年春季班時，不但合作的學校多（溫州大學在內共14家），量也較大（最

高為安徽建築大學611人）。但到了秋季班時，合作學校雖然新增上海交通大學等6間，但量都偏少（最高僅為溫州醫科大學73人），且屬於持續合作的人數，也有下滑**趨勢**，尤其以哈爾濱工業大學的情況最明顯（從春季班的302人到秋季班68人）。但2016年春季班，可明顯發現是以安徽建築大學與上海建橋學院為主要的合作對象，但相形之下，安徽建築大學是主要的教育招生來源（454人）。

圖4 「A課程」各班別選課人數長條圖

四 結語

緊扣PDCA循環架構，檢視課程實施品質提升

　　磨課師課程品質檢核工作，是需要環環相扣、長期追蹤與經驗累積的專業工程。期待每一位教師與學校，一旦投入發展磨課師課程型態為主的大規模數位教育，最後都能夠教學相長，豐富教學與行政的工作體驗。也唯有落實PDCA的循環架構，才能將教師（內容提供者）、學校行政團隊（行政支持者）與各方資源（如：數位教材設計師、數位教學設計師、線上課程帶領專家）的集體智慧發揮到極致。

　　最後，以雲科大磨課師課程的PDCA架構當成禮物，送給每一位準備投入數位學習產業與磨課師教育市場，即將發光發熱的明星教師，並預祝學校在推動磨課師課程品保工作的重責大任時，都能順利。

> **原來「雲科大PDCA迴圈」這樣做：**
>
> 　　所有開設磨課師之課程與教師，除教材需依循品保檢核機制外，教師與專案團隊成員，需於每學期至少召開一次「數位學習會報」。由會報成員共同就課程方略、選擇、成效進行會議；另於每月至少召開一次「數位學習執行會報」，由會報成員專家主持，以檢視課程執行成效，給予立即性指導建議。
>
> 　　在提升教師數位學習專業知能方面，則組織「磨課師教師成長社群」，讓教師互相交流、成長、分享。教師因此可獲得實質意見回饋，提升自身磨課師課程品質。
>
> 　　學校（即專案辦公室），則依循PDCA循環，不斷自我檢視課程開發與營運計畫。目的在將成功的經驗，加以適當推廣、標準化；讓產生的問題點能被解決，同時進行改善。過程中凝聚出的經驗與集體智慧，則能促使校內磨課師課程在各個面向地品質提升，

未來還能據以帶動校內其他數位課程品質發展。

　　雲科大磨課師PDCA迴圈，如下圖所示：

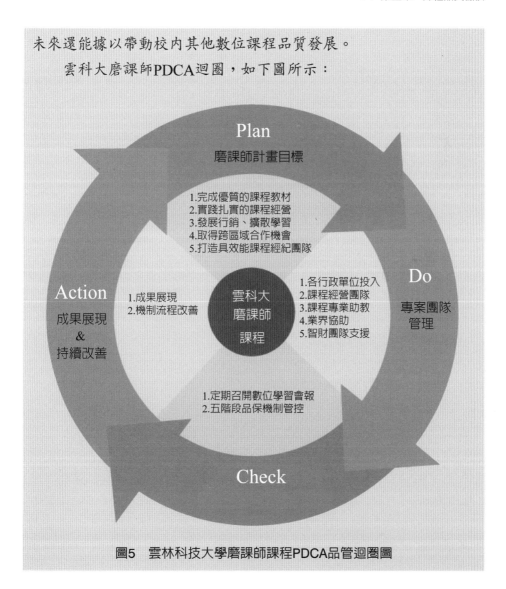

Plan
磨課師計畫目標

1.完成優質的課程教材
2.實踐扎實的課程經營
3.發展行銷、擴散學習
4.取得跨區域合作機會
5.打造具效能課程經紀團隊

Action
成果展現
&
持續改善

1.成果展現
2.機制流程改善

雲科大
磨課師
課程

1.各行政單位投入
2.課程經營團隊
3.課程專業助教
4.業界協助
5.智財團隊支援

Do
專案團隊
管理

1.定期召開數位學習會報
2.五階段品保機制管控

Check

圖5　雲林科技大學磨課師課程PDCA品管迴圈圖

第六章　智慧財產權議題

◆ 楊智傑 ◆

　　製作磨課師過程中，會碰到許多與智慧財產權（著作權）有關的議題。其中最主要的，是在製作影片過程中，可否利用其他外來素材（照片、音樂、影片、圖片等），是否要取得授權？另一個大問題就是磨課師影片拍攝完成後，其本身著作權的歸屬問題，因為參與製作的人包括學校行政人員、老師、老師的助理，所以必須約定著作權的歸屬。最後，為了鼓勵學校老師投入磨課師製作，校內相關法規也必須配合修正。

　　由於有上述涉及智慧財產權與相關法規問題，在整體計畫團隊中，必須找有智慧財產權法規（尤其是著作權法）專長的人員，協助解決上述各類問題。本校在計畫籌備階段，就延攬科技法律研究所的智慧財產權法專長老師以及研究生，組成智慧財產權小組，加入計畫，協助提供智財權等專業協助及指導服務。

■ 一 影片可否利用他人著作

　　磨課師是屬於大規模開放式的線上課程，面對的是來自於全世界的學習者，所以課程中所使用的圖片、文字、影片等素材都需經過嚴謹的智財權審核，以免侵犯智財權。

（一）現行著作權法的教學合理使用過於局限

　　臺灣著作權法中，雖然規定利用他人著作，必須取得他人同意，但還是有例外，為了節省交易時間成本，或鼓勵公益利用，而設計了各種「合

理使用」規定。其中，對於教師教學與製作教材，著作權法第46條規定：「依法設立之各級學校及其擔任教學之人，為學校授課需要，在合理範圍內，得重製他人已公開發表之著作。」這一個條文的意思，是指老師為了上課製作講義的需要，可以在合理範圍內，重製他人著作，而不需要經過原作者的同意。

但是，隨著科技的進步，老師的教學方式越來越多元，早就不是只有製作上課講義，尤其在大學階段，上課都以投影設備，播放投影簡報，而為了讓投影簡報內容豐富，偶爾會穿插網路上下載的圖片、影片、音樂、照片等。而這些為了輔助教學所製作的上課簡報，在課堂上播放，可能會涉及各類他人著作權的利用行為，包括公開上映影片、公開演出音樂、公開展示照片、圖片等。但是，現行著作權法第46條因為長期沒有修改，已經落後實際教學現場活動非常多年。

另外，著作權法第47條規定：「為編製依法令應經教育行政機關審定之教科用書，或教育行政機關編製教科用書者，在合理範圍內，得重製、改作或編輯他人已公開發表之著作。（第1項）前項規定，於編製附隨於該教科用書且專供教學之人教學用之輔助用品，準用之。但以由該教科用書編製者編製為限。（第2項）依法設立之各級學校或教育機構，為教育目的之必要，在合理範圍內，得公開播送他人已公開發表之著作。（第3項）前三項情形，利用人應將利用情形通知著作財產權人並支付使用報酬。使用報酬率，由主管機關定之。（第4項）」這條規定屬於教材製作的合理使用規定。但是這一條所指的教材，是指需要經過教育部審定的中小學教材，不包括大學教材。另外，第3項所指的公開播送，乃指校園內全校播放教育廣播節目或電視節目。因此，磨課師教學所製作的教學影片，透過網路播放，既不屬於第1項所講的中小學教材，也不屬於第3項所講的校園內全校播放的廣播節目或電視節目。

（二）未來著作權法修正草案擴大教學合理使用

　　由上述二個著作權法中，鼓勵教師製作教材，可使用他人著作不需要得到原作者同意的規定，某程度都跟不上科技進步對教育活動的改變。近年來，智慧財產局經過多次研擬，希望提出著作權法修正。智慧財產局在2016年4月提出的著作權法修正草案（第4稿）中，對於教學活動，預計修法擴大老師可以主張合理使用的空間。

　　修正草案中針對其面第46條，預計第1項修改爲「依法設立之各級學校及其擔任教學之人，爲學校授課目的之必要範圍內，得重製、改作、散布、公開演出、公開上映及再公開傳達他人已公開發表之著作。」第1項修改的意思，就是除了過去的重製（製作講義）外，還可以包含老師各種多元的課堂現場上課的活動，包括課堂上放影片（公開上映）、放音樂（公開演出）、放網路上的資訊（再公開傳達）。

　　同時，第46條將新增第2項：「前項情形，經採取合理技術措施防止未有學校學籍或未經選課之人接收者，得公開播送或公開傳輸他人已公開發表之著作。」透過網路傳輸數位影片，就是屬於公開傳輸行爲。這一項的意思，就是允許學校老師針對有註冊、修課的同學，在進行網路教學時，可在網路教材中合理使用他人著作。不過，這一項所允許的合理使用，僅限於學校內的網路教學，並不包括大規模的磨課師教學。

　　另外，針對製作教學的數位教材，修正草案第56條規定：「依法設立之各級學校或教育機構及其擔任教學之人，爲教育目的之必要，得公開播送或公開傳輸他人已公開發表之著作。但有營利行爲者，不適用之。（第1項）前項情形，利用人應將利用情形通知著作財產權人並支付適當之使用報酬。（第2項）」其在修法理由中說明，針對大規模線上開放式課程（磨課師），區分爲「營利性」與「非營利性」的課程。倘若是非營利性的大規模線上課程（例如eDX），可以主張上述第1項的合理使用，可在教材中利用他人著作，但仍需支付合理授權金給所利用著作的原著

作權人（第2項），或稱爲「法定授權」。若是營利性的大規模線上課程（例如Coursera及Udacity）），則仍然無法主張合理使用。

（三）現行規定下盡量避免利用他人著作

由上述介紹可知，現行臺灣著作權法的規定，老師想在數位教材中利用他人的照片、圖片、音樂、影片，都無法主張合理使用。既然不能主張合理使用，若眞的要利用他人著作，就必須得到他人同意。

大部分想製作磨課師教學影片的老師，可能過去都有製作上課PowerPoint簡報的習慣。許多老師可能會想將簡報的內容，直接轉化爲影片。但這些課堂上用的簡報，爲了豐富其內容，往往用了許多網路上所取得的各式素材。過去只在課堂上使用，原著作權人不會來控告侵權；但若將這些充斥外來素材的課堂簡報，直接轉爲教學影片，而上傳到網路，就會引起嚴重的侵權問題。

因此，在製作磨課師前，有必須對所有參與製作磨課師影片的老師，宣導著作權法的知識，告訴他們應盡量避免在教學影片中使用他人著作。

（四）可使用公共所有或開放授權的著作素材

若完全禁止老師在教學影片中使用他人著作（包括照片、圖片、音樂、影片），影片勢必過於枯燥，但老師又不可能由自己或助理重新製作所有影片內容。因此，若老師們想要在影片中加入外來素材，則必須盡量使用「公共所有」或「開放授權」的著作素材。

所謂的公共所有（public domain）就是指著作已經不再受著作權法保護，可能是原著作權人放棄其著作權，或是著作權已經保護到期的著作。網路上會有某些圖庫、照片庫、音樂庫，可能會表示其內容屬於公共所有，歡迎大家免費使用。

第二種所謂的開放授權，又稱爲創用CC（Created Commons）。我們

若想使用網路上他人的著作，必須得到原著作權人同意才能利用。但是原著作權人可能是遠在外國的一個陌生人，甚至網路上根本沒有標示該著作的著作權人是誰。有時候原著作權人可能也很樂意他的著作被人使用，但是外人並不容易得知原著作權人的態度。

因此，有人推動開始推動，應該設計一套讓原著作人可以輕易表達其授權政策的標示，而開啓了創用CC（Created Commons）這個運動。所謂的創用CC，就是設計了一些簡易的標示，代表原著作權人的授權條件。創用CC授權條款包括「姓名標示」、「非商業性」、「禁止改作」以及「相同方式分享」四個授權要素，其意思分別爲：。

1. **姓名標示**表示：（圖示）。這個標示的意思是，您必須按照著作人或授權人所指定的方式，表彰其姓名

2. **非商業性**表示：（圖示）。這個標示的意思是，您不得因獲取商業利益或私人金錢報酬爲主要目的來利用作品

3. **禁止改作**表示：（圖示）。這個標示的意思是，您僅可重製作品不得變更、變形或修改

4. **相同方式分享**表示：（圖示）。這個標示的意思是，若您變更、變形或修改本著作，則僅能依同樣的授權條款來散布該衍生作品

透過上述四種授權條件，再進行幾種搭配，就產生了簡易的標示，讓他人知道原著作權人的授權條件。例如，若看到網路上某著作旁標示了（圖示 CC BY ND），就表示原著作權人很樂意他人利用其著作，只要1.「標示原作者的姓名」、2.「不要隨意變更其內容」，即可免費利用該著作。

網路上有不少著作會採用這種創用CC的標示，告知原作者的授權條

件。甚至也有資料庫會彙整這類採用創用CC授權條件的著作，讓他人想利用時更加方便。

三 著作權講習、提醒與諮詢

（一）著作權法講習

參與製作磨課師數位教材的老師和助理，可能不了解前述著作權法上的知識，尤其可能不知道不可隨意使用他人素材來豐富自己的影片內容，因此，必須在製作影片之前，就先進行著作權法的講習。

雲科大於磨課師課程拍攝初期，組成智慧財產權小組，由智慧財產權法專長老師，對各磨課師拍攝課程老師與助理團隊，進行「開放課程與著作權法」講習，事先與課程老師與助理團隊，講解製作數位課程可能面臨的著作權法問題，以及如何避免著作權的授權爭議等。課程開始拍攝中，也會於每個月的工作會議中蒐集教師對著作權之疑慮，並不定期舉行智財權的講習活動。

（二）製作前提醒

除了上述的著作權法講習，智財權小組也具體提供一個簡單的建議「製作課程影片之著作權注意檢查事項」，向各課程團隊說明，在使用外來素材時，如何審慎挑選外來素材，避開需支付授權金的情形。

下面是這個著作權注意檢查事項的摘錄內容：

製作課程影片之著作權注意檢查事項

（一）老師拍攝課程使用外來素材檢查順序

    1. 使用外來素材，盡量使用免費圖庫、著作權過期之著作、創用CC之素材。

---

2. 欲使用創用CC素材，請上「臺灣創用CC計畫」中的「素材搜尋」（http://creativecommons.tw/search）。

3. 縱使使用創用CC之素材，仍要確認識否准許商業性使用，以及是否要求標示姓名表示權。

（二）引用方式

1. 所有使用之照片、圖片、圖表，不管是自己擁有或引用他人，請在圖片下面標示「著作人、著作名稱、出處（簡略出處即可）」。

2. 若使用的是他人影片或音樂（例如創用CC之素材）：

(1) 請用小字，在課程影片旁邊，標示該音樂或影片之著作人及著作名稱。

(2) 在該影片最後，打上所使用影片、音樂之完整著作出處（包括著作人、著作名稱、網址）。

……

……

（三）製作中諮詢

　　事前的講習與提醒還不足夠，因為老師和助理實際上投入數位教材製作時，真的碰到想使用外來的素材（包括音樂、圖片）時，仍然不確定是否屬於公共所有、創用CC，還是需要經過授權。因此，需要有智慧財產權小組，在製作過程中，隨時提供著作權法上的諮詢。

　　雲科大就提供了這個諮詢平臺與管道，在課程籌備、教材素材蒐集至課程拍攝製作至課程上架期間，針對著作權、外來素材可否利用、校方或平臺等各方智財權歸屬疑慮等相關問題，讓老師及課程助教皆可主動透過電話、書信、或於雲科大在臉書成立之「國立雲林科技大學數位課程智財

諮詢團隊」粉絲團，向智財權小組諮詢。

三 影片智財權檢核

　　雖然事前已經做了前述著作權法講習，在影片製作過程中也隨時提供諮詢，但個別老師的磨課師影片拍攝完成後，仍可能不小心利用他人著作而侵害著作權的疑慮。因此，為使授課教師及課程助教於製作數位教材時能精確掌握素材的智慧財產權歸屬問題，由雲科大智慧財產權小組擬定智財權合法運用機制，相關人員依循此機制便可避免誤用非合法運用之教學素材。

　　下圖為雲科大智財權檢核機制之流程圖。

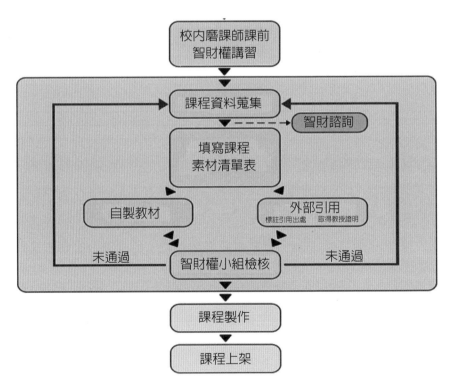

圖1　磨課師課程智慧財產權審查機制流程

（一）製作團隊填寫使用外來素材清單

　　這個機制的運作方式，要求製作影片的老師或助理，針對每一集的影片，填寫一份「拍攝各週課程使用外來素材清單」。在這個表單中，要求影片製作團隊，必須將影片中所有利用到的外來素材（音樂、影片、照片、圖片），都填寫下述五項基本資料：(1)著作圖示、(2)著作名稱及類型、(3)著作人或網站、(4)網址或來源、(5)權利狀態。

　　透過要求拍攝團隊填寫這個清單，可以達到二個功能，一，提醒團隊盡量避免使用外來著作素材。二，若真的使用外來素材，一定要清楚交代網址或來源，並瞭解其權利狀態。所謂的權利狀態，就是是否屬於「公共所有」還是「創用CC」的著作，亦或是否取得著作權人的同意或授權。

（二）智慧財產小組審查與建議

　　拍攝團隊填寫了每週（或每一集）影片的這份清單後，就會交由智慧財產權小組進行檢核，逐項檢查各影片及教材所使用的外來素材，並對每一章圖片或影片的使用問題，給予意見。例如，智財小組要確認某一張圖片是否真的是由該網址取得，且該圖片是否真的不需要得到授權。

　　經過審核後，智慧財產權小組會在每一個著作項目旁邊，寫上建議意見。意見包括「可以使用、沒有著作權問題」、「可以使用，但應標示出處」、「不能使用，建議團隊自行重畫或重拍」等。

　　例如，就算該圖片的利用，可以主張合理使用，或者屬於創用CC授權，但我們會建議在影片處理上，應於適當地方標示「作者與來源出處」，以尊重作者的姓名表示權。有的時候，該著作的權利狀態，並非開放授權，則智財小組可能會在建議欄中填寫「建議影片使用不超過20秒，可主張合理使用」。又例如，若智財小組確認該張照片或圖片屬於他人著作權保護，且沒有辦法取得授權，會在建議欄中填寫「建議製作團隊自行重新拍攝該照片，或由助理重新繪製該圖片」。諸如此類，智財小組在檢

查每一集影片使用外來素材的項目後，填寫建議，再回饋給影片製作團隊參考，建議其修正影片內容。

在這個過程中，可以發現，最初一、二週，拍攝團隊所製作的影片，大量使用外來素材，但經過智財小組檢查並建議後，就會慢慢減低外來素材的使用。甚至到最後，個別拍攝團隊終於體會到，凡是利用任何一個外來素材，都會有著作權的問題，最好的方式，就是盡量避免利用，而全部自己重新製作。因此，等到製作中期，各拍攝團隊交來的「使用外來素材清單」，數量已經大幅減少，甚至到影片後期，幾乎都沒有使用外來素材，而不需要填寫這份清單了。

五 著作權歸屬

除了前面所述，磨課師影片製作中，碰到的最大問題是使用外來素材的問題，第二大問題，則是影片拍攝完成後，著作權的歸屬與之後授權利用的問題。所謂「著作財產權歸屬」，是指，經由教育部或學校補助，老師參與磨課師計畫，與助理共同拍攝完成的影片，到底影片最後的著作權，屬於教育部？學校？老師？還是助理？

（一）約定著作財產權歸屬於學校

一般而言，大學老師從事論文、文章、教科書的撰寫，其著作權都是屬於老師個人所有，學校不會主張這些「語文著作」的「著作權」。但相對上，若大學老師從事研發活動，而研發成果可能可以申請專利，因為研發活動需要較大量的研究經費，專利權的歸屬，學校和補助單位就會主張擁有「專利權」。也就是說，老師完成的作品若是著作權，過去通常學校不會主張權利；但若老師完成的東西可申請專利權，學校或補助單位就會主張權利。

而數位教材的開發與製作，恰巧夾於上述二個類型之間。一方面，

數位教材的開發，也需要教育部、學校投入經費，聘請助理，協助製作，整體的製作需要花費較大的經費。但其產出的是「著作權」而非「專利權」。

　　我們認為，不論是教育部補助，或是學校補助，磨課師數位教材的開發，並不像文章的撰寫，其需要許多後勤人力的支援，因此，其完成的數位教材（磨課師影片）的著作財產權，學校或補助單位應可主張權利。而教育部在「補助磨課師課程推動計畫徵件需知」中，已經強調：「計畫之成果及其智慧財產權，除經認定歸屬本部享有者外，歸屬受補助單位所有。」意思就是，教育部雖然補助經費，但不主張成果的著作權，而成果著作權應歸屬「受補助單位」，也就是大學所有。

　　上述規定是指，若所拍攝的磨課師教材，乃是受到教育部補助，既然願意申請教育部補助，表示同意這個規定，亦即同意磨課師教材著作財產權歸屬於學校。但是，倘若個別老師並沒有獲得教育部補助，而只獲得學校的經費補助，那麼成果的著作財產權又該歸屬於誰？為了避免爭議，經過討論後，雲科大智慧財產權小組建議，不論是教育部補助，或是學校補助，所拍攝的影片，著作財產權歸屬最好都「事先約定」歸屬於學校。

　　但是老師也會聘用助理協助，而助理投入時間製作的動畫、圖片，是否也可主張著作財產權？由於是由學校經費聘用的助理，其工作內容就是在協助製作影片，按照著作權法規定，其完成成果的著作財產權，歸屬於「雇用人」，也就是學校。但為了避免爭議，最好還是在事前就要求學生簽署同意書，同意所協助製作的教材，著作財產權都歸屬於學校。

　　因此，雲科大智財小組協助，擬定了「磨課師數位課程拍攝完成著作之著作權歸屬契約」，要求不論是老師、助理，只要獲得教育部或學校的補助，在拍攝前都要簽署這份契約，以確認著作財產權歸屬於學校。

（二）制訂辦法收益分配給老師

　　所謂著作財產權歸屬於學校，是方便學校由單一窗口，對外授權該影

片的利用。但是既然老師投入大量心力拍攝影片，著作權都歸學校，對老師而言似乎沒有誘因。所以，應該制訂校內的辦法，將未來授權的營利，分配比例給原本拍攝的老師。

因此，雲科大智慧財產權小組協助草擬了「國立雲林科技大學數位教材授權利用管理要點」，並經由磨課師會議決議，提交雲科大行政會議通過。該辦法的精神在於，雖然智慧財產權歸屬於學校，但是若將來磨課師影片對外授權利用有所獲利，應分配一半左右給製作授課老師。用此方式來鼓勵老師參與磨課師的製作。而且，由於磨課師課程的開設，不是只有拍好影片就完成，還必須開課時老師參與網路上的教學討論、作業批改，所以也需要耗費老師不少心力。因此，透過收益分配的方式，讓老師投入磨課師教學活動能夠獲得相對應的報酬。

六 對外授權契約與條件

最後，磨課師影片拍攝完成後，想要在各大國內、國外的磨課師平臺上架，也必須與各平臺簽署授權利用契約，清楚規範雙方的權利義務。通常各大平臺都曾與各學校的課程進行多次的授權，已經準備好了制式的契約。但為求謹慎，學校還是可以請智財小組審閱契約，確保學校的權益。雲科大的智財小組也因而協助學校，在與各大平臺洽談課程推廣時，協助審閱契約。

另外，磨課師影片的使用，未來不一定只限於在大型的磨課師平臺上推廣，還可能與個別私人企業、個別學校，進行授權利用。而這些授權利用，為求謹慎，最好都要有授權契約。而智財小組都可以協助擬定或審閱這些契約內容。

第七章　學校輔導與獎勵搭配

◆ 俞慧芸
◆ 林芳廷 ◆

　　磨課師和數位課程的興起，對老師的教學和學生的學習方式可以說產生一大巨變，在執行磨課師計畫初期，校園不論是行政單位還是人力、法規、設備、觀念，都非常陌生，為了協助老師願意踏入拍攝磨課師課程，在計畫推展初期，本校分工上，則請對學生和教師最相關的行政單位——教學卓越中心與課務組，成立「教學發展策略組」，來協助教師課程上的發展規劃與本校數位科技助教的培訓。

　　本校除了讓參與磨課師計畫的所有行政人員出外進修、先行自我增進磨課師相關知識外，在行政流程上，亦循序漸進的修訂教師面、學生面等既有法規，讓數位課程整體配套越趨完善。例如：新增經費鼓勵教師修習國內外磨課師課程、新增磨課師課程補助與獎勵要點，以及在原先助教分類下，新增一群數位科技助教進行培訓、數位人才養成。另外，在協助課程實施階段，本校以1對1方式，提供開課教師線上課程帶領技巧的諮詢服務，並針對修選課學生辦理線上自主學習策略之實體諮詢。

　　至於教師教學行動研究部分，則由教學卓越中心提供教師實施教學行動研究之參考工具，並推動教師發表海內外學術論文，再配合雲科大教學卓越計畫，銜接雲科大技術及職業教育研究所之研究資源，以扮演國內技職體系導入磨課師課程與教學之實驗研究基地，擴散能量，引領國內外磨課師課程在技職教育的發展。

一 輔導教師願意投入磨課師領域

（一）替教師安排精進數位知能研習

　　雲科大從計畫執行初期，每學期皆規劃主題式相關數位教學知能課程，期望拍攝磨課師和校內教師，都能精進數位教學上相關知能，雲科大也積極並且補助教師及團隊成員參與校內外磨課師課程相關研習活動，並透過定期會議時間，將適合的研習活動直接提供予團隊成員，期盼行政團隊與教師團隊能透過密集且有深度的課程內容培訓提升能力。

（二）給予經費支援，校內補助持續開課

　　為鼓勵教師持續開課，不因教育部的計畫案結束後就停止，雲科大以自籌經費的方式補助持續開課之課程，補助的範圍包含助教工作費、課程錄製鐘點費、課程行銷費用。助教工作費的計算方式依修課人數多寡給予不同的工作費，修課人數愈多，工作費愈高。而教師對於課程內容，因趨勢潮流或學生回饋意見，而需針對某些單元重製或補製影片，也將補助錄製鐘點費、對於行銷方面，本校也投入不少經費替老師作課程行銷。

（三）替教師引進外部資源

　　磨課師課程之特色即在於大量學習者，而其特點閉門造車是件非常危險的策略，因此除雲科大積極投入外，我們也尋求外部資源的合作，藉由引進外部合作模式，活化雲科大磨課師課程。雲科大將外部資源歸類為：上架平臺資源、課程外部品保、業師講座、通識教育磨課師。而為了快速擴展雲科大磨課師的應用層面，雲科大積極進行跨校合作，藉由他校的管道及影響力，讓雲科大磨課師的觸角延伸出去，以下為幾種主要作法：

1 積極進行跨校合作

　　雲科大於104年即受國立交通大學之邀請，提供通識教育課程至「通

識教育磨課師」（General Education MOOCs, GEMs）的跨校合作計畫。全國大專院校皆可選課，選課的學校需於前一學期從本計畫推薦的GEMs課程清單中，挑選課程並採納爲正式學分課程。學生即可於該校校內選修具有通識學分性質的MOOCs課程。開課後，授課教師會於學期中支援至少一次的面授以及全國實體認證考試。學生修畢並通過考試後，即可採計爲畢業學分。雲科大自104年以來已經有「當代應用心理學」、「公民社會的哲學思考」、「大學生的必修學分——情感教育」等提供作爲「通識教育磨課師」課程，目前已有慈濟大學、南華大學、國立宜蘭大學等學校學生選修並採計畢業學分。另外，雲科大「當代應用心理學」也與中州科技大學合作開課，進行翻轉教室教學。「2D動畫製作」則是與文興中學、斗六家商、大慶商工等高中職合作，進行翻轉教室教學。

② 透過中國平臺與全球華文市場接軌

依據雲科大的遠景目標，期望成爲全球華文線上數位學習高等教育典範，而最大的華文市場就在中國，雲科大以中國視爲重要市場，將臺灣高等教育影響力延伸至整個華文地區。雲科大自104年在上海交大「好大學在線」以及北京清華「學堂在線」平臺上架開課之外，亦於105年再度與「中國大學MOOC」平臺合作。這些課程之修課人數皆有數千人以上，其中「2D動畫製作」課程於105年3月7日在「中國大學MOOC」開課，截至開課前修課人數已超過1萬5千人。另外，「當代應用心理學」於「好大學在線」開課，相當受到學員的喜愛，授課教師劉威德教授二度受邀至中國巡迴，進行實體翻轉教室，包括哈爾濱工業大學、安徽建築大學、中國科學技術大學等。

③ 邀請業界專家協助參與

雲科大製作磨課師之過程，除了自行努力學習改善之外，也積極邀請業界專家協助參與，給予專業的建議。例如，雲科大之品保機制中，即包

含一項專界專家審核的程序，提供教師每週影片拍攝上專業之意見，及提供錄製剪輯完成影片觀看之回饋，協助拍攝團隊的影片錄製或是教師的談吐儀態，改善缺失、每週逐漸進步而增進影片的完稿品質。

二 雲科大對教師的獎勵機制

從執行第一期磨課師到第三期的經驗，磨課師課程雖然對學生的學習影響力大，但對教師而言，課程的先期備課與課程經營負擔也較傳統授課方式需花更大心思投入，我們常常看見老師光是寫一段草稿、花一天時間拍攝，再交給學生後製剪輯，才能產出一單元不到半小時的課程，再來，製作完成的課程還需花大量精力積極地行銷推廣與課程經營。因此，學校為了能讓本校更多教師願意主動參與，除了不斷打造一個適用於製作數位教材的優質環境外，更提出教師實際的鼓勵措施，例如：鼓勵教師修習國內外磨課師課程、新增本校磨課師課程補助與獎勵要點，升等加分等。這些鼓勵機制除了讓本校教師有更高的意願以及更多的動力去製作數位課程、也能藉由一個傳一個的影響力，慢慢將雲科大變成數位學習校園。以下為具體的鼓勵措施。

1 教師升等

本校的「國立雲林科技大學教師升等評分細則」已修訂第4條「教師教學成績評分項目及標準」，新增「磨課師」課程、教材、教學能力之成績評分項目及標準。

2 教師評鑑

本校的「國立雲林科技大學教師評鑑辦法」已於「教學類」新增「磨課師」課程教學之成績評分項目及標準，並請各院修訂教師評鑑準則，以在本校104學年度正式適用。

3 教師鐘點計算

本校的「國立雲林科技大學磨課師課程補助與獎勵要點」已修訂第三條第一點：「獲補助開課者，授課時數以乘二倍獎勵計算，每一門課程至多獎勵三次，相同課程多次獲教育部磨課師課程推動計畫補助，以最有利老師方式計算進行獎勵。」

4 做為教學示範教材

雲科大除推動教育部補助磨課師課程外，也積極的發展校內自主SPOCs課程和一小時微型磨課師課程，而這些所拍攝好的磨課師數位教材，我們也會在校內將這些教材導入雲科大的正規課程或校內自主SPOCs課程，作為教學示範教材。

5 成為產學共用教材

產學共用教材，具有提供「產業界在職訓練」與「學術界人才培育」雙重功能，雲科大近年來積極投入產學共用教材研發出版，包含典藏紙本和數位教材等，教材除提供業界在職訓練使用外，對校內也可成為實務型教學教材，故教師可將拍攝好之數位教材主動釋出給鄰近園區廠商和產業界做使用，以達到互惠型產學教育合作之成果。

三 雲科大對學生的獎勵機制

除了對教師提供獎勵誘因外，在獎勵學生方面，我們也新增許多要點來獎勵本校學生，例如：磨課師學習自主社群，同學可揪志同道合的同學向教學卓越中心申請磨課師社群經費修習課程，而在近期，本校更首先推出獎勵學生拍磨課師的獎勵機制，鼓勵學生將自身技能拍成一小時的微型磨課師影片來與大家分享。此外，也不間斷的提供製作經費、場地、培訓

課程、軟硬體設備，希望藉此能讓整個校園充滿著數位學習能量。

1 提供學生自主學習中心空間使用

為提升雲科大學生數位自主學習風氣，雲科大於今年針對校內空間進行改善，修繕校園許多閒置空間作為學生自主學習中心、虛擬攝影棚、數位教材製作室，讓各系學生可匯集於此處，共同觀賞磨課師課程或製作數位教材，也能於此處交流、分享，達到自主學習之效果。

2 發放學習證書證明

因應磨課師課程高報名率及低完課率特性，雲科大希冀學習者能完整學習教師傳授課程，已於雲科大磨課師課程結束後發放即針對通過教師課程的學習者發放學習證明書，以吸引學習者參與課程討論及完成課程學習，獲得由雲林科技大學所核發之完課證明書，亦可使學習者於求學、就業及學習歷程上相關自主學習能力之證明。

3 推薦書發送

雲科大所開設的各課程會依照各課程教師提出好的鼓勵辦法，來吸引學習者參與修習磨課師課程，如同學選修「2D動畫製作」課程，一旦學習者成績達90分以上，就可獲得陳世昌老師及楊晰勛老師的推薦信函，有助於學習者繼續深造或就業等需求。

4 鼓勵學生參與數位進修和自組磨課師社群

雲科大為鼓勵學生參與磨課師課程或與磨課師、數位課程等相關研討會，除了教學卓越中心提供交通費補助外、也鼓勵同學組成磨課師社群，以激發學生自主學習動機，提升學生學習風氣。

5 學生磨課師

　　本校於105年首先在本校發展技能共享課程——學生磨課師。開放全校學生申請，學生可自主錄製數位教材，將自身的專業技能，錄製成一小時的微型數位課程、除了能在校內傳遞數位學習的正能量，我們也發現，透過學生來拍攝，更能刺激學生自主學習。而在今年也完成了10門學生磨課師課程，雲科大也會將此課程分享予全臺灣想學習專業技能的民眾。

第八章　**磨課師推廣策略**

◆ 林宗德 ◆

　　磨課師的製作與一般的開放式課程（Open Courseware, OCW）不同，並非隨堂錄影的方式，而是經過精心的課程設計、精緻化的錄影與後製，成本相對高出許多。對於錄製好的課程，我們應該盡量利用多元的管道推廣出去，不僅可降低單位成本，還能成為學校宣傳的利器。

　　以下就本校在磨課師課程的推廣策略上作一簡單介紹，包括：多元運用的實施、合作方式的建立、以及國內外合作之磨課師平臺的介紹。

一　課程實施多元運用

　　要將課程推廣出去，可以從多元運用的角度來思考。雲科大課程實施的多元運用包括了：多元的授課模式、課程內容彈性化、多元應用模式、以及多元行銷方式等四個面向。

1　多元授課模式

　　磨課師影片之授課模式，除了可在MOOC平台開課之外，也可以利用相同的課程影片在校內實施SPOC（Small Private Online Course）方式的授課，或是MOOC + SPOC的混合方式授課。此三種授課方式說明如下。

⑴MOOC：在國內外磨課師平臺上架，以大規模開放式課程開課。目前雲科大製作之課程皆提供此授課模式。

⑵SPOC：提供校內外有興趣的老師以SPOC的方式運用課程。SPOC

圖1　本校課程之多元運用策略

  的授課方式雖然與MOOC一樣是線上課程，但是通常僅開放給校內的同學修課，是屬於小規模且不對外開放的線上課程。以雲科大的「當代應用心理學」課程爲例，此課程教材於104學年度提供給中州科技大學觀光與休閒管理系之「觀光心理學」學分課程當作SPOC教學方式的教材。

(3) SPOC＋MOOC＋實體授課之混合式教學。此混合教學方式，通常應用於校內的學分課程，老師會要求學生加入MOOC課程，自行觀看課程中的教學影片，並且於學期中穿插SPOC的線上同步教學，再配合數次的實體面授。這種包含同步、非同步遠距教學以及面授等方式的混合式教學方式，被雲科大的「當代應用心理學專題研究」課程所採用，共有碩博士學生23人選修，此課程並已通過教育部遠距數位課程之認證。

2 課程內容彈性化

  欲成爲多元授課模式之課程，則必須要能夠針對不同授課對象，提供

適當的教材內容。所以製作之課程內容需要有點彈性，面對不同授課對象時，可以適當地調整課程內容。

3 多元行銷方式

圖2　多元行銷模式

　　自2012年以來，磨課師發展迅速，課程數量也倍數成長。若要在眾多的課程中受到學習者的注意，吸引學習者註冊報名，需要配合許多的行銷手法。本校之行銷方式採多元併行方式，除了傳統的公文以及平臺協助推廣之外，本校也採用幾種不同的行銷方式，包括臉書行銷、Line行銷、製作實體文宣、製作EDM發送國外姊妹校等。

4 多元應用模式

　　本校在磨課師的應用模式方面有幾個主軸，第一個面向是往高中職端延伸。高中職是本校學生的主要來源，藉由磨課師，可以讓高中職學生

提早接觸本校，認識本校的老師及課程。另一方面，高中職的教學資源相對來說較少，精心製作的教學影片，可以提供給高中職教師另一種教學資源。除此之外，大專院校方向的應用也是另一個主軸。在本校通識教育中心的支持下，本校校內學生可以修習磨課師課程，並取得通識學分；本校製作之磨課師課程，也提供給全國其他大專院校作爲通識學分課程。再者，以磨課師課程作爲企業的教育訓練課程，是本校的另一個重要的應用模式。這些應用模式的實際作法，說明如下：

圖3　多元應用模式

(1) 跨校通識教育磨課師（GEM）：由國立交通大學主辦的跨校通識教育磨課師，每學期皆邀請製作精良的課程在ewant平臺開課，供全國各大專院校選爲通識教育學分課程。本校之「當代應用心理學」、「公民社會的哲學思考」、「大學生的必修學分——情感教育」、「與自己對畫」等課程皆陸續受邀參與，採計學分之學校有慈濟大學、南華大學、國立宜蘭大學、交通大學、亞太創意

技術學院、聯合大學等。

(2) 企業教育訓練課程：許多企業必須為內部員工定期舉辦教育訓練，但傳統的實體課程，受到時間與地點的限制，其單位成本相對較高。若採用磨課師課程，不僅可突破時空的限制，而且對於相同課程重複開課時，可有效降低單位成本。雲科大之「現代社會的化學」課程，成功地提供給豐達科技公司作為企業內部教育訓練之課程。

(3) 高中職翻轉教學：本校磨課師授課老師以翻轉教學的方式至各高中職進行推廣，例如「2D動畫製作」課程提供斗六家商、大慶商工、文興中學等高中職動畫相關科系作為翻轉教室課程教材。

(4) 培育翻轉教學種子教師：本校不只是授課老師親自以翻轉教學的方式推廣，也積極培養高中職學校的種子教師，讓這些種子教師可以在自己學校進行翻轉教學。例如本校辦理104年度和105年度高中職教師2D動畫製作知能研習營」，以「2D動畫製作」課程作為研習教材，培養高中職2D動畫製作種子教師，將翻轉的種子散播出去。

(5) 校內磨課師學分採認：雲林科技大學已訂定「國立雲林科技大學MOOCs學分核計試行要點」，除了雲科大學生可透過選課系統選修磨課師課程之外，他校或未具有學籍資格之社會人士，也可透過繳交學分費的方式，在通過課程後獲得學分證明，學生則可獲得學分的承認。目前已有「當代應用心理學」、「大學生的必修學分──情感教育」等課程實際於校內開課並授予學分。

■ 各種合作方式建立

合作的目的在使能量變大，讓原本不可及的市場變成可及，讓原來無法實現的規劃變得可以落實，合作的方式以課程合作起始，並與平臺進行

合作，而後進行區域合作，型塑學校在大中華區域的知識影響力。

圖4 各種合作方式

1. 課程合作

以雲科大為例，雲科大教師專業分布設計、人文社會、工程、管理等領域，為期擴大知識影響力，以現有教師為基底與種子，嘗試進行校內教師課程合作、跨校教師課程合作。

2. 平臺合作

平臺提供可以置放課程的地點，並提供良好的教與學環境，此外也可與微學程課程進行整合推展，而平臺擔任經銷代理角色、共同推展課程運用；更可發展與境外平臺合作，藉由對方既有基礎，發揮雲科大優質課程影響性。目前雲科大與臺灣合作的平臺包括育網（ewant）、學聯網（ShareCourse）、中華開放教育平臺（OpenEdu）、臺灣全民學習平臺（TaiwanLife）等。而雲科大與中國合作的平臺包括學堂在線、好大學在線、中國大學MOOC、智慧樹網等。雲科大將繼續尋求更多的合作平臺，將觸角延伸到更多的層面。

3. 區域合作

進行跨域大學或機構等合作，盡速產製優質的磨課師課程，快速進

入大中華區市場，形成先進者優勢；並可發展跨域教學模式，例如合作開課、線上線下教師合作、學習者區域型翻轉教學等等。

三　國內外合作之磨課師平臺

　　雲科大於目前爲止，已經與國內四大平臺合作，包括「ewant育網」、「ShareCourse學聯網」、「OpenEdu中華開放教育平臺」、以及「Taiwan Lift」上開課。中國則有「好大學在線」、「中國大學MOOC」、「學堂在線」、以及「智慧樹網」。美國部分則有Coursera平臺開課。

圖5　與本校合作之磨課師平臺

以下針對與本校合作之國內外磨課師平臺作一簡單的介紹。

1　臺灣

⑴育網（ewant）：由國立交通大學於2013年建構之磨課師平臺，並在2013年10月正式對外開放。目前的平臺是以開放源碼之數位學習平臺moodle爲基礎所架構的，其網址爲www.ewant.org。

⑵學聯網（ShareCourse）：由位於國立清華大學育成中心之捷鎏科技公司所建立之磨課師平臺，於2013年開始營運。網址爲www.

sharecourse.net。

(3) 中華開放教育平臺（OpenEdu）：由逢甲大學與中央大學共同發展之平臺，以開放源碼之磨課師平臺Open edX為基礎而建構，目前由中華開放教育聯盟維護。網址為www.openedu.tw。

(4) 臺灣全民學習平臺（Taiwan Life）：由國立空中大學、國立交通大學及神通資訊科技公司於2014年6月共同推出之磨課師平臺。空大負責平臺的營運，交大負責平臺的設計及建構，神通資訊提供學習者免費的雲端服務。其網址為taiwanlife.org。

2 中國

(1) 好大學在線（cnmooc）：是中國高水平大學慕課聯盟的官方網站，由上海交通大學所建構之磨課師平臺。網址為www.cnmooc.org。

(2) 中國大學MOOC：由網易與高教社愛課程網合作推出的磨課師平臺，上線於2014年5月。網址為www.icourse163.org。

(3) 學堂在線：由北京清華大學推出的磨課師平臺，基於OpenEdX平臺所架構，於2013年10月正式上線。網址為www.xuetangx.com。

(4) 智慧樹網：由上海卓越睿新數碼科技公司所開發之磨課師平臺，專注於學分課程之服務。網址為www.zhihuishu.com。

3 美國

Coursera：是由史丹佛大學教授吳恩達和Daphne Koller聯合創建的營利性磨課師平臺，也是目前全世界最大的磨課師平臺。網址是www.coursera.org。

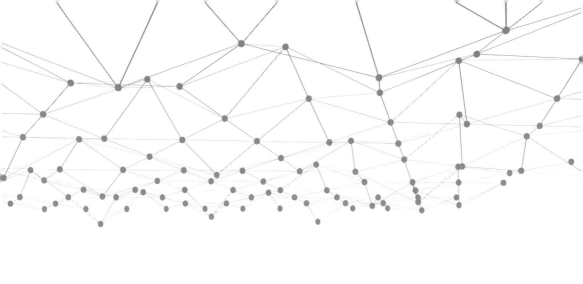

◆ 第二篇

雲科大特色課程

◆ 採訪撰文：方濟龍 ◆

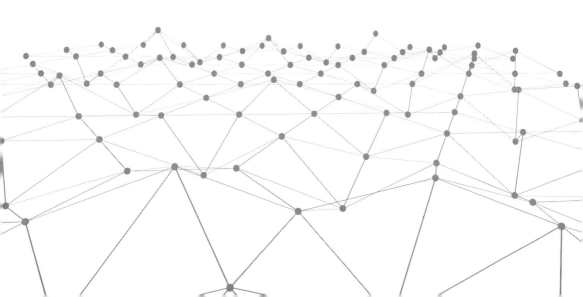

第一章　陳世昌、楊晰勛老師與「2D動畫製作」

第一節　陳世昌老師

　　本校數媒系陳世昌老師與楊晰勛老師於2014年開始合作製作磨課師課程「2D動畫製作」，於2015年第二次上架時，受到北京清華的「學堂在線」開課邀請，課程的註冊人數近一萬人。到底這門課有什麼魅力？而陳世昌老師又有怎樣的專業背景，能製作出這門深入淺出的課程？

　　陳世昌目前擔綱本校數位媒體設計學系的專任教師，其專業為「動畫場景設計」（Layout）、「手繪動畫與2D電腦動畫」、「分鏡」（Storyboard）、電影與導演、劇本創作、廣告企劃、角色設計與表演、透視學等等。陳老師本身曾是國內最大動畫公司——宏廣動畫公司出身的副教授級專業動畫人員，曾參與過許多好萊塢動畫電影的製作，因此擁有數十年扎實的基礎手繪功力。

　　在宏廣公司任職期間也曾出任員工訓練部門主管，作育英才無數、桃李滿天下。除此之外他也鑽研許多動畫法則、電影導演及編劇原理，產出許多研究成果。所以在「2D動畫製作」這門磨課師課程中，陳老師不斷地強調實作的重要性，希望透過他與數媒系楊晰勛老師共同設計課程之下，讓學員得以按部就班的學習，由淺入深地敲進動畫的領域。陳老師自己有經營部落格「動畫聖堂」〈http://anibox-toon.blogspot.tw/〉，目的是為了幫助學習動畫的人，指引一個明確方向！而這個部落格也已經突破二十萬瀏覽人次，對國內動畫各界產生極大影響！

一 陳世昌老師與宏廣動畫公司

圖1　數媒系陳世昌老師與其作品合照

　　談到宏廣公司，陳老師猶如是自家人的榮耀，他也以宏廣人之名為傲。他說道：「宏廣是我們每一個成長的基地，沒有那個基地我們也沒有辦法成長。」陳老師說，他的泰半人生都奉獻給宏廣動畫公司，從年輕二十幾歲到現在五、六十歲。他不但向美國客戶學技術，同時也跟宏廣的老闆王中元學經營。他印象最深刻的就是以前王老闆不停地向他們告誡：「客戶至上！沒有不對的客戶，就是要把客戶照顧好。」

　　因此陳老師學習到：「無論客戶再怎麼無理的要求，你就是不能跟他吵架。」他最惋惜的，莫過於王老闆投資上的失誤，讓他體認到經營管理上的重要課題。陳老師簡單分析王老闆的失敗並不是本業失敗，而是投資上的失利，因此提醒自己：「無論如何都把要本業顧好。」他同時也很感念當時所建立起革命感情，讓每位員工就像是一家人。他曾在宏廣公司訓

練過五、六百個學生或徒弟，臺灣將近有一半的動畫人才都是陳老師所訓練出來的。即便那些人都已經當阿嬤、當阿公了，到現在都很感謝陳老師的提拔，全靠那些專業技術讓他們得以養家活口。

　　爲此陳老師也在自己的部落格中專文撰寫千字書，暢談當時回憶的點點滴滴，讓國內許多愛好動畫人士也瘋狂轉文，不但讓陳老師之前的學生懷念感動，也讓許多新一輩學子得以傳承臺灣動畫史輝煌的一面。他解釋爲什麼他要寫這個部落格，是因爲宏廣正在從臺灣歷史消失，而她正代表了臺灣動畫發展的輝煌歷程，不能讓大家遺忘了這一個珍貴的歷史。他說：「宏廣是我們宏廣人的驕傲與回憶，也是我們動畫人重要的資源！如果全臺灣的人都忘了宏廣，那我們過去的辛苦不就白費了？否則，恐怕有一天你對學生說：『我來自宏廣。』學生可能會回說：『什麼是宏廣？』」但事實證明，因爲這個部落格文章〈動畫聖堂——宏廣的點點滴滴〉不但成功凝聚了臺灣動畫人的歷史觀，也延續了宏廣那無形的動畫魂！

　　即便是沒人知道宏廣的金字招牌，陳老師也自認有使命將這個薪火傳承下去：「只要我這個部落格還在，永遠都承載著我是『宏廣人』的驕傲，這也是我寫這個部落格最重要的原因。」同時他也半開玩笑地說，另外一個原因其實是自己懶得每次教新一批學生都要重複同樣內容，乾脆請他們自行上網Google一下。至此陳老師歸結回憶當時在宏廣公司的寶貴經驗，就是學到動畫的相關技術，爲此打下良好的實務基礎。

　　陳老師自豪地表示，當時內部職員的動畫學理教育也是由他負責建構、教學與訓練。「我有五年負責訓練員工，所以我就讀了很多書，做了很多的研究，所以才懂很多動畫與電影的理論。那時候的老闆也給我很多空間，特別成立了一個部門專門訓練員工。在那個部門我們教的是動畫（Assistant Animation）和構圖（Layout），在製程上，腳本（Storyboard）下來要有構圖，也就是畫面的設計安排。看你要怎麼樣在畫面中去設計鏡頭和角色位置，讓鏡頭和角色有一個完美的演出空間。因

為我們畫的腳本是很小的一格畫面，必須經由構圖師進行精稿再製，設計成實際720×480那種標準4：3尺寸的作業用畫面才行。」

圖2　由陳世昌老師親自示範2D動畫繪圖

　　陳老師談到，雖然在宏廣公司學習時可以學到扎實的根基，卻仍有個致命的缺點：因為在那邊學習到一段時間後，終究會遇到瓶頸，如同遇到外語俗諺常稱的「玻璃天花板」。

二　臺灣動畫產業的隱憂

　　陳老師指出，因為當時在宏廣公司裡面的員工平均程度不高，而動畫師也很少有大學、大專以上的學歷。都是高中、國中、初中那種的學徒制的出身背景，普遍學歷都不高。他認為當臺灣動畫產業需要升級的時候，沒有教育這一塊提供完整設計和思維訓練人才，所以整個動畫產業自然會無法進行原創程序。他說：「美國是因為藝術和動畫教育發達，源源不斷地提供人才，而我們不是啊！所以當我們需要競爭再升級的時候，我們就

卡在那邊。」

　　他強調作為一個電影導演要懂設計、要懂得講故事、懂得如何詮釋劇本，「那些文化層面怎麼寫進劇本裡，也要懂得市場的需求等，這些前端製作和設計人才臺灣業界並沒有積極培養。」所以才需要由教育界來提供前製企劃人才，這些在歐美，幾乎都是由學校主導動畫人才培育。陳老師直言：「反觀臺灣如果有成立動畫系所大都是在教電腦、教軟體，並沒有教藝術和邏輯思維，甚至一些大補習班還打出『學這套軟體，就可以去好萊塢』的口號。」殊不知單單只是學習工具是無法做出一部優秀作品的，同時在政策上，他認為是最好把電影與動畫歸屬於文化部來運作，從前交給資策會來經營是有些不妥。

　　陳老師初步分析，因為政府早期並不了解動畫產業的性質，認為有電腦和工具就可以學動畫，所以學校只要有申請到錢，通通都去買電腦和軟體。反而不會去顧慮到：「要成立動畫系，有沒有專業動畫老師？老師有無實務背景？課程安排妥不妥當？」到現在很多學校聘請動畫老師還是要求要碩博士學位，而不太注重實務經驗人才，所以相對阻礙了動畫人才的培育，反觀歐美學校動畫專題幾乎都是由業界專家指導。

　　很多學校為了招生而成立動畫相關科系（高職情況最多），很多是由資訊或資處相關科系改名，也因此在師資上就形成外行在教動畫，把動畫方向和理念都誤導的例子也很多，學生滿腔熱血都被澆熄了。陳老師感嘆當前臺灣的動畫教育浪費了十幾年，直到現在許多國外留學回來的或是部分業界實務界出身的老師（如宏廣）投入教育界，才將動畫教育導入正軌，讓許多的學子了解到「什麼是動畫」。不過陳老師也欣慰這幾年我們下一代的成長很快，年輕人的衝勁十足，很多大膽投入原創行列，雖然冒險，但總是一個希望。而這一次，本校藉由教育部的磨課師課程計畫所製作的「2D動畫製作」也算是陳老師希望貢獻給臺灣，彌補大家學習動畫不易的一個心意。

圖3　陳世昌老師與楊晰勛老師領軍的數媒系磨課師製作團隊工作情形。

三 磨課師課程「2D動畫製作」內容簡介

　　磨課師課程「2D動畫製作」主要由九大單元所構成，而每個單元各有八個小節，所以整個課程下來有72個小節，且每小節約莫10～20分鐘不等。目前已經是第三次上架，陳老師說三次的成績都不錯，其中第一次開課還是sharecourse平臺的最熱門課程之一，超過一千位學員註冊學習。

　　同時北京清華的平臺也認證通過並受邀開課，註冊學員達九千多人。他認為尤其是對這種技術性為導向的課程而言，而非以知識性教學的課程尤屬難得。「學生不只要能聽得懂，還要讓學員不會被專業門檻所打擊。這個課程不但是要學著畫，還要跟著老師設計的腳本做作業，其實這真的是蠻專業的東西。」

　　陳老師還指出這個課程難得的是，學員來自社會各界，甚至業界動畫師也來學習。「我還看到一家動畫公司的公司作品網頁上，竟然是我這個課程的作業！我這個課程是完全開放的，沒有去衝人數，都是自發性報

名，非常難得，可見臺灣對這個專業技術需求還是蠻大的。

　　同時我設計這個課程內容的原則，就是『用簡單的圖畫講深奧的道理』，如果你內容很深、原理很難，那麼大家看一個禮拜就不想看了，可是我用的方式很簡單，每個人都畫得出來，但是每個人都學得到很深的道理。」他如是說道。

　　陳老師用「一顆球在跳」作為例子，簡單的球每個人都畫得出來，但是那個跳卻有很深的學問，從那個跳就可以衍伸出很多動畫的原理，好比「慣性、彈性、地心引力、重力、表演、個性的表現」等等。所以他的方式就是用簡單的方式去闡述深奧的道理，他同時強調：「因為大家還是蠻喜歡聽你講這些原理的。」當然該課程一開始會比較簡單，但是大概進入課程的第二段就變難了。當學員被這個課程吸引住時，即使課程的難度與日俱增，還是可以引領著他們繼續學習下去。

　　雖然整體課程到最後會比較有難度，技術門檻也會越來越要求，但是陳老師依舊秉持用很簡單、很有趣的方式，企圖帶入一些市場導向來設計這個課程，而不是只會用專業術語來講述內容。另外為了方便推廣課程，我們使用業界最普及的Adobe公司所產出的Flash軟體，官方網站上都有試用版且也很好取得。整個課程在設計規劃之初就以Flash為使用經驗來導入動畫概念和學習進程，當然業界也有自己專業的動畫製作軟體（如ToonBoom或是Retas等），但可能會導致選修磨課師課程的學生拿不到該軟體進而阻斷學習。所以後來陳老師還是決定用Flash，至少這樣大家都拿得到軟體以便開始課程。

　　陳老師表示：「原本我一開始是想用滑鼠就好，後來還是決定用繪圖螢幕。因為畫到某種程度，你非用繪圖板不可，因此不得不設下這個門檻。此時我就運用一些心戰誘因，讓這些學習者知道，其實他們很簡單就能取得工具。我講的動畫原理不會很深，目的是讓大家都聽的懂，但其實這些理論都是我在業界經年累月積傳承下來的寶貴經驗。內容我都有經過學術上的改良、重新設計過，我敢保證是學員他們在外面補習班絕對學不

到的。這點我有百分之百的把握。」

　　他認為外面的補習班主要的教授目標都是在教工具，換言之就是教授軟體上的功能和介面，頂多就是讓角色動一動、濾鏡套一套，此外課程設計上也全以工具為主，這樣他們可以跟軟體廠商合作，進而獲利這才是他們的利基，有別於陳老師所強調的學術根基為主。所以他簡單歸結本校磨課師課程「2D動畫製作」的特色就是這樣：「簡單、容易學，可是又可以學到很深的原理，然後有趣、好玩而且完整。」

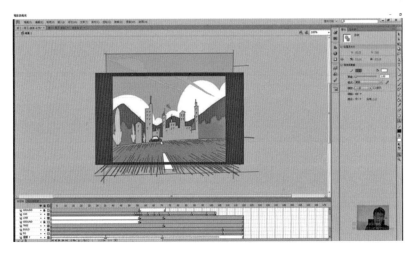

圖4　陳老師的教學內容截圖

四 課程由淺入深

　　陳老師說明每一個單元都是以完成一個故事為主，因此會跨越幾個小節，每個小節都可以完整的學習到一種專業技術。他說明：「內容就是從腳本開始，然後下來就是Layout構圖，等構圖完之後就是原畫key animation，接著就是做動畫中割In Between之類的。」這樣的教學步驟是外面的補習班不可能達到的，況且很多業界師資也不見得懂這些。所以腳

本、構圖、原畫、動畫、上色跟背景，這課程裡面，每一個單元都是這樣重複學習，讓印象更深刻。

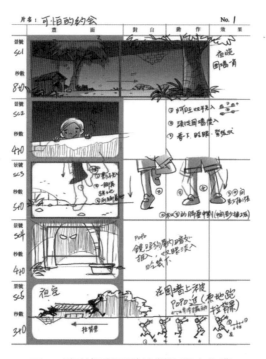

圖5　陳老師所設計繪製的腳本作業

　　這種以故事腳本為主要授課內容的方式，可以讓學習者有系統的學習，不會東一個西一個，讓學習者可以體會到：「原來動畫是這樣做的！」陳老師認為由於課程重複同樣步驟，在學習的效果與效率上就比較容易讓學生得以記住。此外他還表示另外一個十分重要的特色在於：課程錄製的品質非常高。

　　陳老師表示：「不管是整個場景布置或是老師使用的那臺22吋的螢幕式Wacom，都很吸引人。而且我們的片頭、片尾設計都走精緻風格，很多人看完之後都讚嘆：『看過那麼多的磨課師課程，就你們的品質最好！』」陳老師說明該課程錄製時，不管是在燈光，還有拍攝現場布置都

經過精密的設計，例如背景書櫃上的書本就是刻意放置動畫相關的書籍；
當他在錄製影片時所穿著服裝，以及背景相關的擺飾，甚至有時書架上面
還會擺個小小的動畫公仔模型……製作細節全部都很講究。不難看出陳老
師與其團隊投入的用心程度與專業水準。

如此用心的程度，當然也獲得廣大學員的迴響。陳老師談到「2D動
畫製作」第二次上架時，就接受到北京清華的「學堂在線」的開課邀請，
課程的註冊人數更是近一萬人！在北京開課有一個有趣的小插曲，就是有
中國學生在討論板留言：「老師的臺灣國語好好聽喔。」讓他不禁莞爾。

「當然你也可以用很克難方式，直接在白板上面教學，可是這類的作
品YouTube上面太多了。YouTube上面也有很多老外在教動畫，而且品質
也不差，可是他們一下就談很深，不像我們這個簡單容易懂而且有系統，
入門門檻很低，但專業內容不輸任何外面開課的課程。」

圖6　「2D動畫製作」磨課師課程的片頭

五　結語

陳世昌老師認為這個MOOCs課程，是初學者毫無基礎，完全不會也

沒關係，你只要會畫圈圈就可以了，然後跟著課程內容按部就班學習。所以當他看到很多人繳交的作業，其實沒有繪畫基礎，但是依照著課程所規劃，一筆一筆的畫出來，就會讓他獲得許多的成就感，也達成他所希冀薪火相傳之目的。最後是2015年「2D動畫製作」秋季班即將邁向尾聲，未來他跟這次合作的楊晰勛老師持續進行新一季的磨課師課程製作，歡迎各路好手、舊雨新知一起暢遊動畫世界之美。

第二節　楊晰勛老師

楊晰勛助理教授目前任職於國立雲林科技大學數位媒體設計學系，並共同製作磨課師課程「2D動畫製作」。楊老師畢業於雲科大的電子與資訊工程研究所碩士班與工程科技研究所博士班，可說是不折不扣的雲科人，亦是雲科大的傑出校友。楊老師的專業領域為：數位學習、資訊教育、遊戲式學習、電腦遊戲設計。自2014年5月開始與雲科數位媒體設計學系的陳世昌老師，一同主持與經營「2D動畫製作」，截至目前為止已經邁向第四期課程，在臺灣磨課師網站「學聯網Share Course」與中國磨課師網站「學堂在線」已經擁有突破上萬次學員選修的紀錄，成果相當豐碩、斐然。

圖7　國立雲林科技大學數位媒體設計學系楊晰勛助理教授。

一　「2D動畫製作」之緣起

在2014的舊曆年前，學校要推教育部磨課師補助案，所以楊晰勛老師就去找陳世昌老師，看他有沒有意願一起合作，讓陳老師所熟悉的2D

動畫作為磨課師課程，陳老師一口答應，因此誕生了「2D動畫製作」磨課師課程。之所以會選擇找陳老師一起合作，是因為楊老師在這申請案之前策劃一個「滾動畫的熱血」展覽，接觸到許多陳老師的2D動畫作品。

為期兩個月的展覽中，陳老師的作品讓楊晰勛老師印象極為深刻：「那個展覽是我策劃的，剛好看到陳世昌老師已經累積了相當數量的動畫作品，又恰逢學校推動教育部磨課師補助案，於是我就靈機一動，就看能不能將陳老師累積製作2D動畫的經驗與技術拍成磨課師。」然而陳老師因有要務在身，同時人又在忙別的案子，所以初期都是由楊老師提案和規劃宣傳片，然後再請陳老師入鏡。

教育部磨課師申請案規定，需要拍一支三分鐘的宣傳短片，作為本計畫的概念影片，這支宣導短片說明未來該磨課師課程將會以什麼樣的方式進行教學。「我們加入了一個有趣的角色——波波狗，牠的出現讓課程內容更加活潑。」楊老師一邊說明一邊展示波波狗造型。

圖8　「2D動畫製作」課程宣傳文宣，右側為本課程所創作角色「波波狗」

2014年5月確認獲得教育部經費補助後，兩位老師於該年暑假期間正式投入課程製作。「當初設定是9月10號課程上線，但是我們覺得來不及，又延了一個月，等第一檔上線後已經是9月15日了。」第一次的課程製作的確沒有想像的簡單。

　　「2D動畫製作」第一期課程從企畫到2014年7月起正式投入製作，一直持續到9月底才結束拍攝工作。即便陳、楊兩位老師整個暑假期間都投入拍攝製作，但在質與量的堅持下，卻仍舊趕不及9月上線時間。「所以我們真正拍到9月底，雖然剪接的部分也同步一直剪，但是還是趕不上原訂的時程，整整延遲了一個月才上線。」所以課程製作、時間控管與團隊合作默契就顯得非常重要。

二　分工情形

　　在課程製作上，兩個人保持良好的分工模式，楊老師負責少部分的課程內容、專家訪談、平臺管理、行政事務和推廣活動，陳老師則主要負責課程授課、討論區經營等，兩位老師的合作無間也是促成該課程成功的因素之一。

圖9　陳世昌老師（左）、楊晰勗老師（右）的合照

　　本門課為「2D動畫製作」，課程主講任務落在25年以上業界經驗的陳世昌老師身上。楊老師則負責部分課程內容，例如：三次相關專家

訪談。另外當陳老師交代作業給學員們之後，楊老師會另外製作一段小影片，以告訴同學們如何進行該作業。楊老師解釋：「因為『2D動畫製作』這門課一定要學員動手實作作業，當作業說明公告後，即便白紙黑字，有些學生反應還是看不懂，這時候作業說明影片以及討論版解惑就很重要。」課程經營與推廣也是楊老師負責的範圍，包括設計課程的海報宣傳單、波波狗紙膠帶、波波狗鑰匙圈等，也都是楊老師帶著數媒系碩士班的學生進行設計。

三 學生參與情形

說起學生投入製作的情形，楊晰勛老師說整門課程的影片拍攝跟剪接，都是大學部學生操刀，而課程助教則是一位碩士班學生在執行。

學生也協助經營臉書粉絲團，但是楊老師認為臉書粉絲團這個系統它有利有弊。好處是可以讓彼此更熱絡、方便和即時，但壞處是讓原先學習平臺上的討論區使用率下降。楊老師直言：「如果學員都在FB上互動的話，相對地就會冷落掉原來平臺上的討論區，況且FB不見得每個人都會加入參與其中。」

圖10　楊晰勛老師（右一）與陳世昌老師（左一）一起帶著學生參與製作情形

　　課程團隊嘗試漸漸減少在臉書粉絲團上的互動，希望回歸原本課程的討論版，楊老師說：「我們半會提醒學員，如果要互動，到討論區會比較理想。」同樣地，LINE之類的通訊軟體，亦會衍生出相當多問題。所以他們策略上，希望臉書粉絲團發揮宣傳功用，而不是作爲課程討論互動的地方。

四　兩岸師生的互動交流

　　楊晰勛老師說明「2D動畫製作」這一堂課是在2015年3月在中國清華大學「學堂在線」網站開課，後來9月又在臺灣清華大學的「學聯網Share Course」網站開了第四期課程。他提及比較有趣的是：去年10月第一期上線的課程，線上註冊的學員大概才一千一百人左右，中國的學員應該不超過十位。等到今年9月開課的時候，中國學員註冊上課的人數已經增加到七、八十位，其中不乏今年3月在「學堂在線」上過課的學生。中國舊學員又跑到臺灣的平臺重新註冊一次，在討論版上跟所有的學生一起互動，其中有幾位中國學員在討論版上很活躍，甚至還有中國師範專科學校的老師，直接要他們整班的學生來註冊學習。顯而易見，磨課師課程的效益漸漸地在發酵中。

五　學校協助

　　製作課程期間，楊晰勛老師感激學校給他們團隊最大的協助，例如資訊中心、教務處和副校長室等。在整個計畫執行的行政作業，全仰賴學校協助。以最近才剛完成的期中報告爲例，學校必須派人到教育部進行口頭報告。楊老師特別感謝學校派出人手，等他們報告撰寫好之後，原則上學校行政人員就會接手處理彙整，甚至幫我們作答辯，讓老師們在百忙中得以喘息。

圖11 「2D動畫製作」課程內所繪製的角色人物。

陳、楊兩位老師都特別提到，受到校內資訊中心施學琦主任、惠龍副主任、林宗德組長、彭瑩芳小姐以及王薇淳小姐等人的大力協助，從第一年的執行期並進入第二年的推廣期，所有參與者無不盡心盡力，兩位老師對於這麼多人的付出都看在眼裡。另外，拍攝過程中，部分需要攝影棚場景，也都獲得校方支援。雖然攝影棚並非主要使用場景，但是少部分的畫面還是需要進棚拍攝。另外，方國定副校長也全力支持磨課師計畫，每個月一次的會議中頻頻詢問是否需要協助，本課程在高職端的推廣活動，方副校長就是後面的推手之一。

六 推廣到高中職

雖然計畫進行看似成果豐碩，但「2D動畫製作」進入第二年的推廣期仍遇到些許難題。原先拍攝這一列課程的其中一個目的，是想推廣高中到職課程中使用。其中，彰化縣大慶商工，目前已經與我們進行教學上的合作，另一間原本談好的學校，卻因為課程的因素仍在協調中。這與楊老師之前所預設的目標有出入，於是他趕緊啟動另一個推廣活動。

　　推廣課程的業務沒有原先設想地順利，楊老師猜測，原因可能是高中職老師「2D動畫製作」這門課的內容，另外這樣的教學模式高中職老師可能還不是很信任。所以，楊老師與陳老師在今年8月針對高中職動畫相關老師研習活動，共26小時，參與者共十位，雖然人數不多但是總算有了正面回應。「雲林縣斗六家商和彰化縣文興高中參與的老師對於我們的想法很有興趣，這是一個好的開始。」楊老師說。目前初步暫訂104學年度第二學期先行試辦。

圖12　兩位老師在記者會上宣導該課程

七　製作其間感想與期許

　　最後楊晰勛老師談到與陳世昌老師合作與磨課師的一些想法。「我跟陳老師之所以一拍即合，是在他心裡有個想法：『能夠把一身的好功夫給傳承下去』，透過磨課師這個平臺，我們搞不好可以實踐這件事情。」楊老師說，最終是誰能課程中得到收穫，其實他們也並不知道，除非學員回饋學習的心得，但無庸置疑，老師的影響力已經不在是僅於課堂教室裡面

了。

　　楊晰勛老師說：「就磨課師來講，眞正投入這個領域的老師，其實人數還不是很多，而投入進去的老師，也發現到一些問題的存在。它的問題在於前製作業非常長，動用的人力非常多。」傳統的上課模式，一個老師帶著必要的器材、教材就可以開始上課了，但是磨課師就不僅是如此。它必須先做出教學影片，而影片拍攝牽扯到許多的專業知識與技能。

　　楊晰勛老師道：「我覺得如果眞的要做一支MOOC，扣除掉主講老師外，少則需要四到五個幫手，才有辦法把這件事給做好。當然有人就需要經費。就算影片都做完，後續的問題也會衍生出來，課程上架後就要開始經營。你還是要花時間去經營。除了經營以外，還要批改作業、回答問題等。」

　　此外經費來源也是個大問題。楊晰勛老師說，目前都是由教育部來支持這個案子，但他認爲這並非長久之計。雖說教育部表面上會支持四年，即便眞的能撐過四年，之後各校各自籌款也是一大難題。畢竟這是一個比較新的教學模式，傳統教學所教授的學生都在課堂教室裡面，但是磨課師的概念已經打破空間與時間的限制，服務的對象不再是課堂學生。

　　這種新型態教學模式的好處，就是可以宣揚學校，吸引更優秀學生進入雲科大。像這樣，老師額外付出時間與精力服務校外人士，該用什麼方式鼓勵這些老師們繼續執行呢？端看學校方面覺得效益有多大。假使學校覺得不錯可以繼續發展下去，就需要事先編列預算，雲科大在這方面的觀念還滿先進，教卓中心也積極鼓勵老師多多嘗試校內補助的「微型磨課師」。

　　同校製作另一門磨課師課程「當代應用心理學」的劉威德老師說過：「以天下爲教室與天下人共學天下學問。」（請參考雲聲校刊第407期報導）[1]，也引發楊老師思考這一件事情：「我們做好一支影片或是完

---

[1]　連結爲〈http://admin2.yuntech.edu.tw/~aae/aae/index.php?id=407&sec=16&page=1〉

成一門課程，雖然我們無法直接與學生面對面，但是我們的確在空中找到了有心想要學習的學生。」他感受這是跟一般傳統課堂教學最大的不同點。磨課師所帶來的影響力，將是無遠弗屆。

第二章 何肇喜老師與「場域活化設計」

圖1 何肇喜老師與「場域活化設計」課程

　　何肇喜老師是國立雲林科技大學創意生活學系退休教授，曾任該系系主任。何老師爲國立臺灣大學土木工程所建築與城鄉組博士與中國政法大學法學博士，專業領域爲空間設計、展示設計、建築法規、展覽設計、休閒設施、都市設計、建築及室內設計。何老師本身領有專業建築師執照，自己曾開設過「何肇喜建築師事務所」，卻選擇從公家單位基層打拼，熟稔土木、工務、建管等都發業務，亦曾出任臺中市政府都市計畫發展局局長。此外他也曾在國立臺中科技大學、國立嘉義大學、東海大學與逢甲大學兼課，堪稱產、官、學三棲的跨領域菁英人才。

一 「場域活化設計」課程內容

　　「場域活化設計」課程[1]主要是希望透過理論與實務兼具的案例分析，讓同學了解場域活化空間再利用以及展示設計。何肇喜老師希望藉由該課程學習關於建築設系相關領域知識，例如建築與室內調查、增建、更新、設備、展示設計、構想、腳本、基本設計、詳細設計、場域活化企劃、法規分析、工程管理、風險管控等方法。課程中的案例包括生態農場的設計，與一些老舊房舍的更新。像是臺中市第二市場的更新，從原本傳統的菜市場改制成現代化的菜市場；臺中酒廠的更新工程，如何變成電影「海角七號」的取景地。

　　何肇喜老師以苗栗農業改良場為例，原先該場域是一個蜜蜂工坊，經過他與設計團隊的巧思下，將原本舊的倉庫改建成蜜蜂展示工坊。另外還有農業改良場裡面的農業館。他解釋道：「像是我們怎麼去種植植物、水果，它裡面的一些土壤怎麼去改良，包括戶外如何種植一些蜜蜂或蝴蝶想要吃的蜜源植物。」亦不乏新設建案——苗北藝文中心的工程；工藝館的學員宿舍；臺南倒風內海故事館；臺北中央研究院原住民的展示工程，展演前原住民文化與平埔族的文化。

---

[1] 網頁介紹：〈http://www.ewant.org/admin/tool/mooccourse/mnetcourseinfo.php?hostid=4&id=130〉

嵌入影片連結：

2015年《<iframe width="560" height="315" src="https://www.youtube.com/embed/-dSyCPUo-Zo" frameborder="0" allowfullscreen></iframe>》

2014《<iframe width="560" height="315" src="https://www.youtube.com/embed/8rOQGMTb5sI" frameborder="0" allowfullscreen></iframe>》

圖2　何肇喜老師與課程內容

　　台糖位於臺東牧野的渡假村，從原本台糖的舊宿舍改建成五星級飯店的格局，也是出自何老師的手筆。比較值得一提的是：臺中市的國立自然科學博物館植物園，該館本身是一個巨大的溫室，裡面種植很多熱帶的植物，面積可達八百坪。何肇喜老師解釋如何用本土原生植物去做植栽，達到戶外的展示與科學教育。所以整個場域活化還包含了展示了工程、科學教育、物理化學等一般自然科學的知識融會貫通於整個課程。課程內容中所挑選的範例，偏向於生態或舊建築再利用，裡面隱藏了許多要學習的知識與「Know How」，以及對生態環境保護的一種關心。最後則是講解展示與場域活化的相關法規說明與介紹。

圖3　何肇喜老師正在介紹臺中科博館熱帶雨林館

二 三十年心血結晶

　　何肇喜老師解釋爲什麼要做這個課程：「因爲我觀察到學設計的人，到外面實習的機會比較少。在實習的時候，也沒有辦法把實務上所接觸的東西拿到課堂上來討論，因爲有著作權法保護的緣故，導致學生沒有辦法窺視案子的全貌。」因此何老師集結三十年來的設計作品，包含施工過程與其藍圖，把這些作品製作成磨課師影片，就是爲了補充實務教學的不足。

　　在線下輔助教材的部分，何肇喜老師整理了以往的契約與相關資料，全部捐給國立雲林科技大學的圖書館，供學生或是有興趣於空間設計的人得以瀏覽、翻閱，目前雲科圖館方將這些藏品放置三樓的展示空間。何老師解釋道：「這是我自雲科大退休之後，送給學校的一點小小的回饋。我把自己歷年來的心得都整合起來，傳承給學生。可惜的是我也沒有那麼多的時間，希望能夠仰賴政府的力量，將我的經驗變成磨課師課程，變成大家可以學習、分享的東西。」

　　所以他戲稱把所有的家當都放到圖書館裡，希望能供有志學習者他們來使用學習。何肇喜老師認爲：「假設圖書館的上架速度可以快一點的話，對磨課師而言，On line跟Off line的效益會更大些。」

　　何老師的珍藏資料放置在家中超過一百坪，差點沒地方放。等他退休以後，因爲沒有助理，單靠一個人的力量實在太過單薄，無法營運整個磨課師平臺。因此何老師希望開設磨課師課程，借助學校的資源，將以往上課內容轉化成磨課師的影片。「當然這不只是爲我個人著想，其他像建築領域，因爲缺乏實務教學，學習上會比較混亂。而我剛好有這個實務經驗，可以讓實務跟理論更爲結合。」

　　何肇喜老師認爲這門課最大特色在於：該門課可能是在建築設計領域的第一門磨課師課程，而且內容全是他親自參與的作品以及影片製作，所以他擁有素材的著作權無需徵求他人授權同意。課程內容就是過往經手案

件設計的過程、流程、企劃、設計與施工過程，還有成果，這些是原本課堂上教學所沒有的，因此何老師選擇用磨課師的影片來呈現。

圖4　「場域活化設計」相關課程內容

短短一集半小時磨課師節目，等於可以吸收到何老師這五、六年來的功力菁華。包括一個建築師從案子的發想到完工，設計師本身的現身說法，到施工的過程，而整套課程涵蓋他三十年來所累積的資料。

三　磨課師課程製時的趣聞

何肇喜老師自認本身對電腦操作比較不在行，但是不服輸的他，認為不懂的地方就是要學。所幸何老師的公子有影音多媒體專業背景，因此他就變成何老師私人的小老師，他不懂之處，就向自己兒子請益。何老師笑稱有錯的地方，也會被他糾正，就像小學生一樣。不過他自認以一個年屆六十歲的老頭竟然可以自己剪片，讓他感到很有成就感。何老師如此補充「我幾乎都是使用自身的資源來製作這磨課師影片。當然拍片的時候也是有助理，而且家裡有個小老師是這方面的專業，也借用他的器材。」。

因為自家裡面就有小型克難式攝影棚，就連燈光也都是直接拿檯燈權

充，以土法煉鋼式地呈現，所有的作業基本上都是何肇喜老師親手完成。整支影片從無到有，從拍片、剪片到配音說明，至少都要耗上兩三天的功夫。所有的業務都是何老師與一位事務所的助理在處理。到現場拍攝完素材回來，他還必須從二十小時的素材中，剪成一小時的初剪，然後才正式剪成正片。製作上另外一個問題是，由於是在住家裡面拍攝，不像是專業攝影棚，容易會有噪音。可是又不能開冷氣，因為有開冷氣會造成雜音，同時還著正式服裝，像是襯衫或是西裝等等，害他熱得要命。

圖5　何肇喜老師

　　在本門磨課師課程裡面，何肇喜老師認為內容比較欠缺的是：吸引人的美術設計如動畫等包裝。即便如此，他還是選擇回歸以知識性為主，以彌補其不足之處。此外，由於早年的設計資料沒有數位化，亦沒有像新案子都有影音多媒體素材可參考，因此何老師就必須找時間再重回現場拍攝。回到現場，又會牽扯到燈光、攝影、收音等相關專業技巧，而本課程的素材比是從二十個小時中才剪成一個小時，其製作要求品質很高。

四　何肇喜老師心目中的磨課師

　　何肇喜老師認為：傳統上課方式，必須要講到三小時，可是在磨課師，大概二十分鐘就講完了。「磨課師最大的優點就是雖然時間短，但是完成度夠，並且效益相當高。然而相對的，課程老師也必須投入更多的心血，這就是一個蠻大的問題。」

　　何老師回學校製作磨課師前曾擔任臺中市都發局當局長，底下並沒有研究生可以支援。而所任教的雲科創意生活學系，學生也欠缺建築背景，結果只好自掏腰包，找事務所的同仁幫忙。事實上事務所內其他建築師也很忙，無暇幫忙何老師。特別是該門課程裡面有關於互動的部分，要找到跟何老師一樣資深的人不多。

　　磨課師課程是因為非營利，它被告侵害著作權的機會比較小。但是磨課師到最後如果都不收費、不營利的話，也很難支撐下去，可是一開始營利的話，就會牽扯到授權與著作權方面的問題。而何老師是把自己的Know-how公布給大家，沒有收費，所以比較單純。他也建議學校方面該多於鼓勵、優惠願意投入心血製作磨課師的老師。因為他課程中每一個案子的設計費價值，實際上都是超過五億。

　　適逢現在少子化浪潮，何肇喜老師認為若能好好經營磨課師，將構成非常龐大的產業。「像是有的案子有三千萬的，也有的案子是一千萬的，我就剪成半小時的影片分享給大家，但實際上它的成本就是三、五千萬。」倘若課程製作能夠再修飾的話，其作品的賣點就會比較有看頭，最終也能成為一門「知識經濟」。國立雲林科技大學相對於其他學校地處偏遠，如果能好好善用這門產業，也許可以扳回一點空間上的劣勢。

第三章　劉威德老師與「當代應用心理學」

劉威德副教授目前擔雲科大磨課師課程「當代應用心理學」之主講人，該課程陸續於2014年秋季班在新竹交大EWANT育網磨課師平臺、2015年於上海交大CNMOOC好大學慕課平臺推出，廣受歡迎；並於2015年秋季班同時獲上海交大推薦到美國最大的MOOCs平臺《COURSERA》上線，與美國哈佛大學、麻省理工學院、普林斯頓大學等世界一流名校課程，並列開課。

劉老師提倡「以天下爲教室與天下人共學天下學問」作爲MOOCs的教育精神，希望透過本磨課師課程，在網際網路這個以「天下」爲範疇的教室平臺上，得以將專業知能分享於天下人，期許自己能與天下人共同探究心理學的奧妙，並能善用之，以增進圓滿和諧的幸福人生。

一　學思發展啓蒙

劉老師畢業於國立國立臺灣師範大學教育輔導心理學系，其專業領域爲「心理計量學」、「職涯心理發展輔導」、「數位遠距教學」。劉老師自述：「一個人會進入某項專業領域不是偶然。」在他大學時代，就讀於國立高雄師範大學，其實是就喜歡行政和哲學以及社會學和心理學之類的學科。當時的劉老師總覺得這類學科很恢弘、浩瀚，可以廣泛地涉入人群。因此他在大學生時期亦是十分活躍，不但曾任系學生會的總幹事，更積極參與各種學生社團活動，堪稱學校的風雲人物。

劉老師談到：「因爲我學習了社會科學，所以常常反思與觀察所參與

的活動以及所學習的學科內容。」就此他發展出對人群的興趣，與對公共
事務的參與的熱情。

圖1　劉威德老師與知名磨課師網站「Coursera」上架作品頁面合影

　　但是後來等他讀研究所時候才發現到：「原來這些活動都需要理論為
指導，並且在人群之中必須對人性有所了解。」因此他也了解到：能夠把
人性闡述的更好的，哲學跟社會學需要更確切的實證科學基底—就是心理
學。雖然前述兩者間有著比較恢宏的架構沒錯，但是需要真正落實於人間
的，必須對這個理論更為透析、統整，因而心理學是必不可少的一個知識
素養。

　　因此當劉老師毅然辭去公費教職，回大學研究所繼續深造時，便開始
將閱讀與學習的主力放回心理學領域。當時的他著重於「人格心理學」、
「測驗心理學」、「心理計量學」、「健康心理學」，還有許許多多關於
「組織領導」等心理學專業領域。此外，劉老師也因為具備學校教師的身
分，亦會接觸到「教育心理學」，其後他將這些學科彙整起來，變成他在
研究所時學習的主修。

劉老師說：「我發現到這條心理學學術道路對我影響很深遠，因爲他們能將我前面的基礎，在社會學與哲學的架構之下，聚焦於人性科學的探討，特別是以科學實證方法來探討人性。」

二 啓蒙恩師張春興教授

「我在臺灣師範大學教育心理系攻讀博士班，繼續深入學習心理學學術領域。這段過程對我來說意義非凡，尤其在學校期間遇到許多師長，在心理學方面都有深厚的造詣。」那段學習的過程非常重要，啓蒙了他在「應用心理學」的知識領域，而主要的啓蒙老師正是他的師尊、先師：國立臺灣師範大學張春興教授——當代心理學的泰斗。

在國立臺灣師範大學求學時間，張春興教授賦予劉老師嫻熟心理學學科架構與領域的一個機會，那就是參加張教授主編的《世紀心理學叢書》系列叢書編撰工作。張教授是當代心理學的權威，在海峽兩岸四地、港澳星臺等華文圈都享有崇高學術地位。由於劉老師參加過這套叢書的編撰，進而奠定下了他開啓這個課程的一個因緣。他解釋：「在那個時候，我是

圖2　劉威德老師與先師張春興教授合影

以爬梳釐析的工夫，去仔細審視每一個心理學學說，讓我在心理學的底子可以更鞏固與扎實。」

劉老師更進一步說明，他並不是只找I級期刊的文章來看，而是逐一詳讀這些心理學學派的發展與說法——尤其是那些後來被張教授保存下來的經典論述。他認為這段求學歷程對他非常重要，由於這段時間的薰陶，讓他對心理學科學研究有一套「渴慕的情懷」。

然而心理學有個有趣的現象：它在一般人的認知上沒有用，聽起來卻很令人著迷，但似乎不知道怎麼用它。劉老師直言，逢人總是被問：「心理學應該怎麼用？」

三　參與行政工作

日後當劉老師應聘到雲科大任教，他發現科大講求的是務實致用，因而劉老師認為心理學從原理到應用是必然的過程，因此他得想個法子來運用這項珍貴的學問；再加上他在科技大學任教的關係，因此劉老師就決定要將心理學發展成一門應用型態的學科。

然而命運卻開了個玩笑，他談到當初剛畢業的時候，張教授一路教誨地跟我說：「此去十年，不要做行政，要好好讀書」。

原本劉老師也承諾答應，但是沒想到他接手大學教授教職之後，十年來都是從事行政工作，包括二級主管、一級主管等整整做了十年的行政主管，完全辜負了張教授的期許。

但是劉老師卻不認為這十年的時間都在蹉跎光陰，這十年行政歷練反倒成為他應用的資糧。當他在撰寫「應用心理學」的時候，這些經驗成為他驗證人性科學的佐證資產。換句話說，這些年的行政工作，與他在大學時代所參與的學生會工作，以及日後從事教職的工作，有所連結。

劉老師認為不管是參與中央部會的工作，或者是服務地方鄉親，各式各樣的奔走，所接觸到的人群，正好成為他講述「應用心理學」的材料。

因此當他在講解「應用心理學」的時候，原先已有學科方面的淵源基礎，而後來又有這十年行政實務工作的相輔相成。在這些工作期間，還深入接觸各地方的人群，去參與、觀察、訪視……乃至於了解人們種種在各領域的行為表現，足以實踐「讀萬卷書、行萬里路」的精神。他自認：「心裡能知、腳上能行、手上能做。」這些歷練絕非偶然，更是醞釀了他在這門心理學課程上的深度與內涵。

四 磨課師課程「應用心理學」

劉老師精選出心理學的浩瀚學術領域，列出了九個主題，除了第一章是介紹心理學入門的單元外，其他八個主題包含了心理學的五大學學派彙整。近代的心理科學家，採取自然科學的途徑，探究人的「內隱心理歷程」與其「外顯行為」，研究這兩者間是如何交互感應的，並且擴大到人群之中。然而劉老師提醒心理學的宗旨雖是以研究個人的內隱與外顯行為出發點，終究是要了解人群的相關社會行為，進而達到因應各種生活需求，因此他認為這八個主題都非常契合當今人類需要。

（一）人因心理學

首先，劉老師認為該課程是以連接科技大學與技職教育的精神為出發點，他希望讓科技大學間各學院的人，可能都用得著該課程。因此當他在設計主題的時候，就先介紹與設計課程有關的，包括機械設計跟工程有關的「人因工程學」（Ergonomics）或是「人因工程心理學」（Human Factors Engineering Psychology），這有好幾種不同的名稱，都與「人因」（Human Factors）有關。劉老師希望讓未來的工程師與設計師在開發產品的時候，能夠優先考慮到人性，其中包括人的個別差異、限制跟優勢，以及人在使用時的友善、舒適、安全，這些工業產品的開發，都要考量到人的因素，因此這是本課程第一重要的主題。

（二）消費心理學

接下來劉老師談到當前是個商業的社會，有工業生產製造，進而刺激商業消費。他說：「所有消費行為都會牽扯到錢，消費者想要省錢，想要買到物美價廉的東西，實惠又物超所值、性價比高。可是廠商希望他的貨品成本低、獲利龐大，能夠無限的銷售，這兩者就形成消費保衛戰。」因此現今消費行為中就包含了息息相關的人性，劉老師指出：「你會不會受到廣告的影響？你怎麼避免掉入促銷的陷阱？廠商又怎麼設置天羅地網的促銷策略？這些都跟人性有很大的關係。」

（三）組織心理學

劉老師說明人類是群居動物，人終究要組織裡面存在，因為人是群性的。人在群體裡面涉及「領導」與「被領導」，想當出頭成為領導者，這是很多人的盼望，但仍有些人想要當被領導者。當然領導者與被領導者之間，有意見一致與不一致，可是當目標要組織效能發展與提升。處理的不好，組織衰敗；處理的好，組織發展。人群裡面有這樣的員工跟領導或是部屬與領導，或者是領導跟被領導，劉老師認為這與「人性」都脫不了關係，因此十分重要。

（四）偏差行為與犯罪心理學

劉老師認為：雖然人習慣安身立命於正規的行為跟法律規範的行為，但是總有一些人會越過這些道德跟法律的高牆，這是俗稱的「偏差行為」或者「犯罪」。不然，若不是有這樣的高牆攔阻，人其實是很不願意這樣自我局限，「全因人們都想要為所欲為，予取予求。」劉老師認為這個主題也非常切合我們現在有各種的犯罪：「不管是智慧型的犯罪或者是動機型的犯罪、過失型的犯罪，這些跟主題都有很大的關係。」剛才提到犯罪心理學是跟這社會息息相關的，每個人都不想成為受害者，希望因犯

罪入監所的「收容人」矯治後能改邪歸正，即使是「更生人」也希望重新回到社會的懷抱，因此這個要點也是該主題必須要探討的重點。

（五）人格心理學

俗諺所稱「知己知彼、百戰百勝」，但劉老師指出「人心不同，各如其面」我們一味地想要猜特別人的心思，但自己的心思卻完全不了解，不了解自己的人又怎麼妄想能了解他人呢？這就是屬於性格分析的領域，了解自己是屬於什麼性格的人。然而性格的養成不是一朝一夕，它從幼年開始發展，有些人情緒很穩定，有些人情緒不穩定，有些人心胸開放，有些人則是內向孤僻……劉老師強調這領域不是去批判人性，而是觀察人性行為的一些現象。

因此會牽引出有些人透過各種「防衛機轉」等方法來消除心中的焦慮，譬如：說說謊、欺騙、合理化逃避來消除焦慮，這些都是人格心理學下必要的主題，這些就叫作「防衛機轉」，是人格心理學中很重要的學說。例如，日常生活中當老闆僱用員工的時候，他也需要知道這員工的性格適不適合這個公司，一個業務跟一個作業員跟一個經理的性格都是不一樣的。因此相關的人格特質分析，將在這個主題中會有清楚的闡述。

（六）測驗心理學

測驗心理學在劉老師看來是十分有趣的項目。他認為用科學的方法來測定人性，測驗心理學或是計量心理學，「你或許可以慧眼獨具看清楚一個人的一些行為，這個人的內在特質，但是多數人是沒有這種特質。」特別是這世間每天接觸的人形形色色，你又不是那麼會察言觀色。這時候就必須透過心理測驗科學的方法，去了解一個人性向、聰明程度，性格類型的偏向，一個人喜歡什麼、重視什麼，他的成就到底到哪裡？

劉老師直指我們在「應用心理學」中必不能少對人的「衡鑑」，也就是把人分類定位的意思。分類定位的方法，不只是透過經驗，更是要透過

科學方法與工具，以符合科學精神。測驗心理學對社會是有絕對必要性，「好比我們雲科大要招生，難道就不會用到成就測驗？我們開公司要僱用員工，不也要知道他的性向與公司合不合得來？你要給留學獎學金，難道不用給學術性向最高的人？」諸如此類，如要對人性做客觀的評量，也就是所謂的「心理計量學」，在心理學領域一個必談的主題。

（七）健康心理學

接著是談論心理的健康層面——健康心理學。現在的人，面臨工商就業壓力大，很多的職場與生活面的人際競爭。時代考驗青年學子，導致人們常常會出現心情低落，甚至情緒失控的情況出現。劉老師更指出一個成功的人不只在乎能力高低，要有情緒的穩定、心理的健康，能操耐勞，心態一定要健康，可偏偏壓力卻是無窮無盡的。如何認識壓力、調解壓力、管理壓力、管理情緒，營造健康的心理狀態，正是所有的人都需要重視的課題。

（八）職場心理學

該課程的最後一項就是「職場心理學」。劉老師指出：「不管你從哪邊畢業，人家都會問你在哪邊工作，另外一個問題則是問『你在做什麼？』，更甚者則是問『你做得好嗎？』」。當人在職場裡面，除了成功謀得一職之外，還有職場的適應問題，因為不是人人進到職場就退休到終老！「謀得職業、適應職業、轉換職業」，在職業裡面與同仁部屬分工合作，能夠和諧相處於職場的人生，適用於所有的人。

劉老師具結了這心理學領域的八大主題與第一堂的導論組成這個課程，堪稱是他這二十年來的學思精華與心血結晶。

圖3　劉威德老師參與影片製作過程

圖4　劉威德老師提倡磨課師之精神作為MOOCs的教育哲學

　　劉老師非常仔細剖析「慕課」與「磨課師」的詞意。他說：「其實我還蠻喜歡『慕課』這個發音，羨慕的慕，這個慕可以解釋成是愛慕、渴慕、仰慕、羨慕、欽慕。雖然臺灣習慣將『MOOCs』都稱之為『磨課師』，但其實我更喜歡把它講成『慕課』，因為這詞的含意實在太好了。」此外，他認為製作「慕課」的人對於課程的內容與品質，必須非常高規格的把關，歸因於該課程於全世界公開播送，每一個細節必須要仔細琢磨，是磨課也是磨老師，越打磨越亮。雖然在製作影片的的過程中挺

「折磨」人，但是不管「磨」跟「慕」都好，因爲它代表的是不同境界、不同過程。

　　最後，劉老師期許自己的應用心理學課程是：「當代以科學途徑來探究人性的一門科學，並且是能己達而達人的仁學。」如同劉老師的題字所示：「以天下爲教室與天下人共學天下學問」，這不只是劉威德老師信奉的MOOCs精神，更是劉老師教育情懷的最佳寫照。

第四章　陳斐娟老師與「大學生的必修學分──情感教育」

陳斐娟副教授任教於國立雲林科技大學技術與職業教育研究所，兼任諮商輔導中心主任，同時也擔綱教育部委託設立中區大專校院輔導工作協調諮詢中心召集人。陳老師畢業於國立彰化師範大學輔導學系博士班，個人專業為諮商輔導、生涯規劃、教育心理學。陳老師於交通大學ewant育網教育平臺上開設「大學生的必修學分─情感教育」磨課師課程[1]，一推出後深受各界歡迎，其學員談論者眾，十分積極參與討論。

圖1　陳斐娟老師

一　課程發想緣起

陳斐娟老師說明課程的緣起，約莫在2014年底之際，學校要提報教育部磨課師計畫時，才開始著手規劃課程。她會選擇這門課作磨課師的主體，主要有兩大原因。其一是跟她過去的角色有關，陳老師在雲科大諮商

1　網頁：http://www.ewant.org/admin/tool/mooccourse/mnetcourseinfo.php?hostid=4&id=207
嵌入影片其一：<iframe width="560" height="315"src="https://www.youtube.com/embed/XyHJ-oeLQr8" frameborder="0" allowfullscreen></iframe>
嵌入影片其二：<iframe width="560" height="315" src="https://www.youtube.com/embed/hkJt_4tm-TU" frameborder="0" allowfullscreen></iframe>

輔導中心接任行政職務，已經有十六年的時間，同時間也負責中區大專院校協調輔導中心諮詢工作。

在這段期間她接觸到不少大學生情感教育的議題。就她觀察而言：「早期我們會說大學生活的金三角——社團、課業跟愛情。愛情關係，從無到有，有沒有是一個困擾，有了之後如何經營也是一個困擾。更嚴重的是可能經營不好，可能傷害別人也傷害自己。」所以當在社會頻傳情傷或情殺的事件時，進而引發社會大眾共識：大學生應該實施情感教育。

因此就激勵了陳斐娟老師發想：如果可以透過一個系統性的課程，打破時空的限制，讓不只是雲科大的學生，只要是任何人對本議題感興趣，都可以共同來思考。其二、她也基於一個簡單的出發點：希望透過這個課程引發大家對於情感教育的重視，不管是學生或是家長，甚至是老師。這是陳老師所謂發心的部分，希望能夠透過本課程讓大家有更多學習與對話的空間。

二 課程內容介紹

陳斐娟老師說課名雖爲「大學生的必修學分——情感教育」，但是內容聚焦的對象不僅僅是只有大學生，目的是希望引導修課者一起思考與探討，在我們生命中可能會發生的情感議題。先透過自我了解的過程，去發現我們是怎麼樣的人，才有可能談出怎樣的感情。例如認識情感的多元樣貌、了解關係中的自我、建立與維繫、然後溝通表達、衝突的處理，甚至是不得已走到結束的時候，怎麼好好地說再見，以上議題都是本門課程的範疇。

陳老師也指出攸關親密暴力、恐怖情人等課題，因爲她從過去的新聞事件當中，看到很多人因愛而受傷，尤其是在感情中遇到了恐怖情人。有時候人會因爲愛情而盲目，對兩性教育相關法令的不了解而觸法。於課程的尾聲時，她歸結人們自己會想要經營一種什麼樣健康的真心關係，是

「大學生的必修學分——情感教育」課程的重點。

圖2　陳斐娟老師於拍攝現場

三　與同學交流互動

　　陳斐娟老師說明與修課學生互動最多的是在課程平臺的討論區，不管對於教材的內容或是其他課外的問題。除了在討論區交流心得與想法外，另外她會根據當週的主題，再另闢一個特定的議題討論。陳老師觀察到修課同學他們很投入這個課程，曾經有考慮約線上所有修課同學碰面，但可惜技術性障礙沒有克服，所以後來就沒有進行。

　　在每一週課程開始之前，陳斐娟老師會寫一段話來勉勵同學。例如：當課程進入倒數第二週時，適逢在聖誕節的前夕，她希望能他們能夠堅持到最後，並祝福他們聖誕快樂。當在元旦連續假期或在期末考的之際，她會明顯感受到大家參與課程沒有以往那麼熱烈，因此陳老師會提醒他們，雖說在考試時會有一些課程的壓力，但歡迎他們在考完試之後，隨時再上線來討論。

　　她覺得這部分跟實體課程最大的不同處在於：「不會隨著課程時間完結之後，而這個課程就過去了，議題反而會持續進展著。」陳斐娟老師也

培養出固定的習慣，每天大概撥兩個時段固定登入討論區，看看學生有沒有發表一些意見在上頭，她希望能夠即時地給予回應。同時她也發現，修課同儕之間也會產出很好的對話與交流。當他們彼此之間相互討論之際，她就會站在一個旁觀者的角度，看大家是如何地交流。

圖3　陳斐娟老師採訪來賓的畫面

四　學生的回饋

　　課程都是在每週三開課，應該在當日凌晨就要上線。陳斐娟老師記得有一週的課程，不慎延遲到下午兩點多都還沒上架，所以有學生就在討論版上反應：「今天不是禮拜三嗎？怎麼課程都還沒上線？難道我的電腦壞掉了？」因為陳老師知道他是一個十分認真的學生，所以她也深刻體會到：確實有學生在磨課師的學習環境下非常認真，因此砥礪她在製作課程時不敢鬆懈。

　　課程中有內容談到溝通表達，陳老師看到有學生在討論區上面，分享自己生活上的事情，例如：如何跟家人溝通，但是不盡如意。這件事讓她十分感動，修課學生在聽完課程後身體力行，而且他也願意在這討論區的平臺上分享，同時也看到很多人回饋給他鼓勵的話語。對於陳斐娟老師來

說，感受磨課師課程有趣的地方在於：「這個反應很即時，很即時地看到課程之後學生比較有所感的部分，所學習的地方在哪裡，因此這部分對我來說還蠻值得玩味的。」

五 製作磨課師的心得

　　陳斐娟老師認為磨課師製作最大的挑戰是與傳統教學方式的不同。她坦承因為已經習慣在教室裡頭跟學生面對面的對話。在這兩小時或三小時的課程中，她可以直接看到學生的反應，再依照學生當下的反應調整教學。可是磨課師課程基本上是事先錄製好，特別是要對著鏡頭自說自話，讓她花了不少工夫在學習與調整。另外一方面是課程要如何規劃與設計，讓學習者得以完成這個課程，陳老師自認還需要嚴加思索。

　　陳老師還觀察到磨課師有趣的地方，因為學生的學習可以不受時間與空間的限制，得以窺見好多人經常上線討論課程議題。有時討論學員想要了解兩性關係之間的事情，甚至有些人願意分享自己的生命經驗，她覺得這都是蠻特別的體驗。

六 對於磨課師發展的看法

　　陳斐娟老師認為，磨課師是一種新興模式，也是不可避免的學習型態。雖然她承認自己還是比較習慣傳統授課的方式，但是顧及一些在職班的同學，像是雲科的在職生，很多都是遠道從臺中過來，光在通勤一事上，可能就浪費掉一小時的時間。如果能透過磨課師這樣的形式學習，就不會局限於傳統的大學校園，而且現在學習資源相當豐沛，不管是ewant育網或是其他類似平臺，只要有心學習者，一定可以找得到你要的目標，就怕學習者不想學。

　　最後陳老師提出對於製作磨課師的建言：對製作磨課師課程的授課

老師而言，其最大的挑戰是如何建構所要教授的內容、知識，甚至是課程表達方式，要如何吸引閱聽者的注意，要如何掌握在天涯海角學習者的個性。授課者在課程進行間基本上都是對攝影機自說自話，規劃課程之初還是必須先預設一群基本的目標對象，才得以呈現素材內容。也因為這個課程，可以激盪出更多的火花，讓不管是學習者或是授課者，都能精進自己，做得更好。

圖4　拍攝成果

第五章　簡端良老師與「公民社會的哲學思考」

圖1　簡端良老師

　　簡端良老師是國立雲林科技大學通識中心的老師，畢業於東海大學哲學系並取得博士學位。專長領域為倫理學、佛學、哲學專論，教授磨課師課程「公民社會的哲學思考」[1]。曾榮獲「101年校園網站競賽金質獎」，

身兼知名論壇「哲學星期五@雲林」策劃人以及全國高中哲學教育推廣協會理事。

一 老師學術背景

說到哲學，簡端良老師露出自信的笑容。他笑稱讀哲學系最常被問到的問題就是：「念哲學能幹什麼？」這也是在大學時代最常被問的問題。「之所以會選擇哲學系，是因為我認為只為了生存而工作其實不難，人要活在這個世界上不難。問題是活下去，應該要有更重要的想法與價值，也許哲學系可以幫助我把這個問題想清楚。」因此簡老師選擇了哲學這門學科作為他的求學目標，日後也利用這份專業找到了教職。

在踏入哲學這一途之前，簡端良老師退伍後先進入房地產事業。在上一輪房價飆漲景氣中，他在房仲業如魚得水，但也因此沉浸在一些惡習之下：作息不正常，應酬菸酒樣樣來，雖然收入十分的豐足，但是心靈卻十分的空虛。「其實我是在一夜之間就轉了念頭。」簡老師娓娓訴說一路上的心路歷程。

就在那一念之間決定斷除一切惡習，簡端良老師選擇遠離當初那些複雜的環境，重返校園。一開始簡老師是從宗教方面著手，開始接觸許多佛教經典，從中獲取許多人生道理。甚至有時會參加喪葬團體誦經團活動，幫人助念以追求生命的答案。雖然捨棄光鮮亮麗正職，但卻獲得以往不同的人生滿足與體驗。簡老師引用影響他最深的德國哲學家尼采，在《查拉圖斯特拉如是說》的一句話來形容這種感受：「這個奉獻，無私的奉獻到什麼時候呢？奉獻到我窮到一無所有，我還願意為我的一無所有而漠視。」因此牽起了簡老師與哲學之間的不解之緣。

二　「公民社會的哲學思考」課程的內容

　　簡端良老師的磨課師課程名稱為「公民社會的哲學思考」，而他在雲科任教的課則是「哲學思考」。他說，如果把哲學思考放在形而上學，會讓大家誤認為哲學只談一些天馬行空，清談、玄談，那麼這樣的哲學與我們現實生活有距離的。適逢教育部從民國96年起，推動了「公民教育」課程改進計畫，希望讓國內的學生，可以藉由課程的公民教育、美學教育、歷史教育各種人文教育，提升人文素養，而其中很重要就是哲學教育。

　　簡端良老師認為：哲學教育的重點就是批判思考，讓同學不只是人云亦云，不要活在當前的社會中，沒有自己的想法。因此「公民社會的哲學思考」這門課，談的是比較抽象、形而上的問題，但這不代表哲學跟現實生活是脫節的。簡老師在這門「公民社會的哲學思考」的課程中，他會以發生在我們生活周遭的議題為例，進行辯證。透過課程中互相地辯證，希望讓同學能從現實中抽離出來，導入較抽象的思維，並運用在現實社會中。

　　「公民社會的哲學思考」這一門課分九個單元，這九個單元從「哲學是什麼？」開始談起，接著是法律與哲學之間的關係，人生與哲學的關係，最後是哲學在地思考及運用在國際思維。

　　那這兩者之間，我們會分工合作，分頭去蒐集資料，最後彙整起來並撰寫成內容呈現的文稿。那主要是撰寫文稿這個部分，大家分工合作地來進行。

三　製作團隊的部分

　　教學團隊成員主要來自簡端良老師於東海大學念哲學的學弟妹。一位是念哲學背景的鄭宜玟老師，一位是念英國文學的梁家瑜老師。梁老師原先是台北參與「哲學星期五」的志工，擔綱核心的策劃人。「哲學星期

五」是臺灣新興的哲學論壇，會經常性地邀請講者到論壇上進行對話，這種對話就是哲學最需要做的工作。

鄭宜玟老師，在東海大學取得博士學位，曾在靜宜大學、臺中科技大學及中興大學兼課。因為剛畢業不久，目前還沒找到專任教職，因此有充分的時間參與製作課程，成為蒐集材料上的得力助手。兩位的撰寫能力都非常傑出，且思維都非常縝密，對該領域也十分熟悉，對課程內容製作幫助很大。

四 推薦書目

在訪談的最後，簡端良老師推薦了《少年Pi的奇幻漂流》（Life of Pi）一書，曾被李安導演搬上大銀幕而廣為人知。「漂流，它指的是一種生命的漂流。」簡端良老師認為，我們的生命就如同主人翁Pi一樣，你不知道下一刻會遇到誰，也不知道下一刻會發生什麼事件。「在漂流海上的同時，你壓根不知道方向在哪裡，如同我們的人生一樣，你永遠不知道下一次遇到誰，你只能努力、把握、珍惜，用這種態度去經營你的大學生活。」

簡端良老師很推崇作者揚・馬特爾（Yann Martel），他在大學時雙主修，一個是動物學，另外一個則是哲學。動物學跟哲學看似不相干。有趣的是，這位作者運用了他所學動物學與哲學的專長，寫下了「少年Pi的奇幻漂流」這本書。他認為這正是跨領域學習的優勢。簡老師建議同學應該針對你所喜歡的領域，然後努力研習，很自然地就會碰撞出令人驚奇的火花。

以動物學的觀點來看，人是動物無誤。因此本書描繪人的行為很多跟動物一樣，如同動物般的野蠻與貪婪。到底人超越動物的地方在哪裡？本書也提及人性的光輝，人有道德感與自律心。甚至還談到人有更具高度的東西——信仰。

　　Pi曾經如一般人對傳統宗教深信不疑，直到歷經暴風雨而失去一切。甚至到最後，當什麼信仰都不是的時候，他終於找到生命中篤信的東西。那種篤信的東西指的是在信仰上的跳躍，把有形的神形象跳躍成內在無限的寬容、接納與慈愛的態度，換句話說，神一直存在他的內心裡面。整本書以具象的海上漂流，來談信仰的心路歷程。簡端良老師很推薦大家閱讀《少年Pi的奇幻漂流》，看似平易近人的小說，卻傳達了深刻的哲學思考。

圖2　簡端良老師推薦書目：《少年Pi的奇幻漂流》

第六章　洪肇嘉老師的「化化世界」

　　洪肇嘉教授目前擔任國立雲林科技大學環境事故應變諮詢中心主任一職，並且自2001年以來主持雲科大的環境事故應變諮詢中心，特別在環境災難防治與救助上有著卓越的貢獻。洪教授的專業領域為環境化學（Environmental Chemistry）、環境規劃與管理（Environmental Planning and Management）、土壤汙染復育（Soil Pollution Remediation）以及緊急應變（Emergency Response）。因此這一次洪主任以他最擅長的化學背景，製作了「化化世界」一系列有關於化學知識背景的磨課師課程。

■ 洪肇嘉教授

圖1　環安系暨環境事故應變諮詢中心主任 —— 洪肇嘉教授

　　洪肇嘉教授自1980年中原大學土木系畢業，擔任一年助教後負笈美國留學，在美國愛荷華與華盛頓大學分別取得碩士與博士學位，也曾在美國的工程公司任職。一直到1993年，洪主任才決定回到臺灣貢獻自己的所長。回臺後的第一份工作原先是任職中興顧問工程公司，後來又到行政院環保署工作兩年。在環保署擔任科技顧問室研究員是環保署的智庫幕僚。一直到1995年8月才到雲科大任教，在雲科環境與安全工程系所發揮專業，以環境工程為主。2001年到2002年又擔任該系的系主任及創設毒災應變諮詢中心。

二 國立雲林科技大學環境事故應變諮詢中心

　　適逢1999年後，有很多臺灣的工廠發生了毒性化學災害事故，環保署特請環安系成立一個諮詢中心，協助各種資訊的整理與技術上的研究。從2003年跟環保署合作成立諮詢中心，到2006在臺中成立的化學災害應變隊，洪主任一直擔任中心主任到現在。該中心的成立目標宗旨如該官方網站陳述：「是為了推動毒性化學應變相關業，且促進產官學三方的交流，以及提升對毒物研究與救災科技，所特別設置的研究中心。」

　　洪主任談到目前中心配置三十五、六位的助理，各司其職，工作宗旨就是當化學災害發生時要進行應變，因此自2002年之後該中心就改定調為「化學災害應變中心」。最近這兩年中國也發生類似於天津大爆炸等化學災害，因此他也認知到：「化學除了在日常生活中扮演了方便，也促成了很多的發展，像是高科技的產業都會需要化學製程，過程會使用大量化學製品，相對的也會產生很多化學的汙染或是公共安全的問題。」

　　雖然在臺灣從2002年開始，對許多化學災害防治努力上做了很多的控制，但是中國似乎還正在發展當中，也欠缺相關的專業技術，因此洪主任也期許能夠發揮該中心的影響力，讓化學災害防治工作能推展至海峽兩岸。不過近期臺灣因為一些食品產業上的化學製品過程，造成食安危害，

造成一些隱憂，所以希望藉由雲林科技大學磨課師課程「化化世界」，帶領同學們更了解化學製品造成的危害。

三 磨課師課程「化化世界」

　　從日常生活中有關於化學的基本小知識到週期元素表，甚至一些日常生活中可能會發生的化學危害與應變措施等，洪主任鎖定國高中以上甚至成人的學習者，得以一窺化學原理的大千世界。

　　在專訪之中，洪主任不時強調：「雖然化學製品在日常生活中是相當的方便，也有某些可能的危害，對我們而言化學就是把雙刃刀。」，因此洪主任便是運用這個觀點來製作相關的磨課師課程。為了能夠將化學的基礎向下紮根，洪主任這幾年也選擇不開研究所的課程，專心耕耘大學部。雖然他也是雲科大的特聘教授，但是洪主任始終認為：「知識研究再怎麼高深，也要讓知識往下紮根，而且應該是普遍性的。」

　　磨課師課程「化化世界」企圖引導學習現代社會之日常生活、環境及職場許多化學物質的知識、自我防護策略，提昇對化學物的特性、危害、防護及災害應變的智能。另外還希望介紹在現代社會使用大量各種化學物質求取生活方便及職場生產使用時，也要能顧及自身及他人之安全，並減少對環境的衝擊。洪主任認為：「如果大家能夠對化學災害有一定的了解，減少化學災害發生的可能性，那麼也會對公共安全、對個人安全也有些幫助，那就達成了些個人心願。」

　　早先課程規劃為「現代生活的化學」的目的，是讓觀眾學習到如何保障生活環境與職場的安全，洪主任解釋說：「原先是從環安系的角度來看化學怎麼運用。」然而到了第二次磨課師課程上線之後，才調整內容並更名為「化化世界」。化學的世界猶如花花世界，其意義代表著這世界所有的物質組都是都跟化學有相關。物質的可逆轉變是物理現象，而不可逆的則是化學作用，好比洪主任舉例我們人體身上其成分是肌肉所組成的，而

肌肉也是由蛋白質所構成的……基本上整個課程的設計方針就從這個角度來探索。

　　除了當前臺灣社會還存有令人驚恐的食安問題外，一些常見於生活周遭隨處可見的化學災害。例如：在家裡面常有一些酸或鹼，用來洗廁所的鹽酸就是酸、醋等製品，還有我們用來洗油脂的溶劑。如果把這些添加到食物中，就會涉及安全問題。又或者之前有人將通樂注入水管中，導致發生化學作用並發熱，結果噴濺出來，導致使用者灼傷，全因為那噴濺物含有鹼性物質。

圖2　洪肇嘉老師的「化化世界」

　　因此洪肇嘉老師希望能在這門課程中，介紹化學，以及災害會出現在我們日常生活中哪個地方。而我們也應該採取什麼的角度，來看待化學所帶的方便與貢獻，並將化學會帶來的一些危害，融合知識後整理出平衡式報導。至於課綱的內容，一開始介紹基本的食衣住行當中的化學產品，進而介紹化學元素週期表與中學化學的概論，過程中還會做點簡單的實驗讓大家了解：像是酸鹼中的醋，以及這些化學的影響，對我們職場的影響是

什麼，有時也會在學校碰到一些。還有現實中可能會遇到化學造成災害的情況，例如：高雄氣爆是丙烯外洩，天津大爆炸牽扯許多化學品，應該如何建立安全觀念。

在課程特色的部分，洪肇嘉老師是希望只要具備國中程度，就可以接受這些課程。但是後來又再次的簡化課程，目的是為了讓國小的學生也能夠接受「化化世界」。經過兩個梯次，目前已舉辦至第三個梯次，他也跟臺灣科學教育館合作，希望把化學知識簡化到國小一、二、三年級的學生們都可以了解的程度。

他還舉例在斗六市石榴國小舉辦課程的過程，主要教授對象以四、五、六年級為主。透過實務操作，讓他們感到新奇有趣，而且不會很難，同時也教授日常生活中可能會遇到的化學危害，進而提醒這些小朋友能敬而遠之。因此洪肇嘉老師認為：「希望讓我們的課程可以更加的平民化，鎖定的收視族群也從原先大學生擴展到一般國小、國中甚至一般民眾。」這也是他期許該團隊持續進行的目標。

四 製作磨課師課程的挑戰

原本洪肇嘉老師以為在辦公室裡就可以簡單製作磨課師的課程，但是他發現拍攝時遇到最大的問題是：噪音。他指出：「因為磨課師要求很多，像是收音的部分，如果都在辦公室製作，免不了會有很多的噪音，尤其是實驗室的環境，有很多機械設備產生的雜音。」後來他才決定將整個拍攝工作移轉至攝影棚。有個趣聞：由於該課程找了很多老師來專訪，或是參與小短片的拍攝，很多老師也都是第一次參與拍攝製作，之後激發起老師們的興趣。

這次經驗完後，他們還要求再次進行拍攝工作。不僅如此，這些老師們後來在拍攝工作時，也希望把之前的觀點再強調一次，企圖讓整個磨課師課程盡善盡美。此外洪肇嘉老師也談到團隊的製作規模，聲勢十分地浩

圖3　洪肇嘉教授的化化世界

大。在這次的製作團隊中，該系一共有雲科大三位老師及一位訪問學者，參與製作的學生也達十多位。尤其是讓他們在節目中扮演一些角色，例如：串場小故事中的角色，還有演出他們在實驗室的模樣，試著讓實驗過程更淺顯易懂。

　　為了能夠具體落實這個想法，他在今年的課程中，要求學生拍一些關於實驗的微電影，希望也能讓他們體認到：「現在已經是個影音多媒體的時代，也希望他們在這個部分能夠很快地將理論轉化成影音多媒體。我目前觀察到當前的影音多媒體都比較缺乏深度，都是這樣子然後呢？後面就沒有了。」所以洪肇嘉老師指出，當初構思時，都會想到後面隱含的原理，希望讓學生可以體認到：「除了好玩之外，一些基礎的化學知識、背景原理，能不能藉由這樣的方式更為清楚地表達，可以讓學生未來在溝通的能力上會有很大精進。」

五 環境事故應變諮詢中心APP

　　除了磨課師課程線上教學之外，洪主任還傾心投入資源研發一款「國立雲林科技大學環境事故應變諮詢中心APP」（APP，手機軟體應用程式），讓大眾得以利用智慧型手機設備，隨身攜帶有關於緊急環境危害處理的電子書與相關知識，例如：《緊急應變處理程序》、《化學品全球分類標示調和制度GHS——九大危害分類系統》。歡迎雲科大師生免費下載使用，下載路徑為：http://yericapp.yuntech.edu.tw/downloads/。

圖4　國立雲林科技大學環境事故應變諮詢中心下載頁面二維條碼圖

　　說到「國立雲林科技大學環境事故應變諮詢中心APP軟體」，它無疑是洪肇嘉老師的驕傲。他指出這些APP內容全歸功於優秀的助理，可以直接上中心網站的下載專區下載APP。內容主要以電子書為主，像是《緊急應變處理程序（California Specialized Training Institute, CSTI）》或是《GHS與九大危害分類系統——教學指引》、《2014環境事故危害防護及應變指引（可愛版）》、《塑膠知多少？》、《化學元素週期表》等。

　　例如：《GHS與九大危害分類系統——教學指引》是有關化學標示，他說：「你在網路上幾乎找不到這些標示的說明，例如像是有毒的物質，其特性與分類。這些資訊網路上都有，但是我們希望透過APP讓你帶在身邊，隨時隨地可以查詢。」為此該團隊也花了很多心力製作精美的影片，希望使用者感受到該團隊的用心。而洪肇嘉老師的最終目標就共享這

些知識，該團隊會持續地更新，目前預計一季更新一期。

圖4　國立雲林科技大學環境事故應變諮詢中心目前上架的電子書目

　　最後他也提出影音多媒體是未來的趨勢。他談到去年在進行這個計畫的同時，有收到一個投稿邀約。內容就是用影音將研究方法呈現出來，而且徵稿的雜誌《Journal of Visual Experiemnts》已經被SCI認可。因此他也誠心的建議：「才一年的時間，影音多媒體在研究方法就有這麼大的轉變，可以想見影音跟理論的結合已經發展成一種趨勢，所以我才讓學生改往這個方向去找。」洪肇嘉老師非常感謝他的製作團隊，剛好有兩個助理在影音多媒體方面的傑出表現，不管是主持、剪輯都很拿手，有這些助理才能完成這些額外的課程與APP。

六　結語

　　在這次的訪談中，我們了解到洪肇嘉老師用心耕耘化學災害防治，不但成立了臺灣中部指標性的應變中心，也積極地推廣化學知識，希望透過磨課師課程「化化世界」，由上而下地紮根，讓國小、國中、高中、大學甚至是一般民眾，都能了解化學在我們日常生活中的重要性。化化世界，亦如大千世界。

第七章　黃永廣老師與「微算機處理與應用（II）」

　　104年度黃永廣老師與台達電子文教基金會共同推出「DeltaMOOCx」課程「微算機處理與應用（II）」[1]，是國內率先使用LC-3微算器架構的課程，受到學生熱烈的歡迎。使用LC-3軟核心在FPGA電路板上，進行微算機處理教學，在國外已經行之有年，但是在臺灣則是第一門這樣的課程。

一　黃永廣老師

　　黃永廣副教授是國立雲林科技大學電子工程學系專任老師，曾任該系系主任。黃老師出生於香港，早年在加拿大多倫多求學，最終畢業於美國奧斯汀德州大學計算機科學研究所。他的專業領域為：嵌入式系統、數位學習、機器人、人工智慧、多媒體系統、設計運算等。黃老師被選為民國92年度與96年度優良教師，亦主持過國科會與科技部各項大型計畫。民國103年度則與Altera合作成立「Altera雲科大電子系EDA／SOPC聯合實驗室」。

---

[1]　http://tech.deltamoocx.net/course/view/courseInfo/2

圖1 黃永廣老師展示學生微算機畢業專題：樹莓派氣墊車

二 微算機處理及應用

「微算機處理及應用」、「微算機處理及應用實習」，是國立雲林科技大學電子工程學系大二必修課程。課程內容主要是介紹一款非常簡單的16位元微算機處理架構LC-3，它是美國德州大學跟伊利諾州大學教授共同設計研發，而雲科實驗室就用硬體描述語言把它給實作出來。本課程主要特色是：每個人手機上頭都有微算機處理器，常見於穿戴式裝置上。而這門課程目標就是介紹同學關於微算機處理原理，微算機處理用程式語言或是組合語言控制、協助與應用。

黃永廣老師指出，本課程早已在電子系已經進行了四、五年，學生接受度都蠻高。主要原因是LC-3架構非常簡單，只有15個指令。相較於其他微算機數十個指令，比較簡單，也非常容易學。課程過程是指導學生將程式放置在硬體中，目前全世界也很少課程會這樣做，因此這是個蠻新鮮

的方式。而黃永廣老師指出微算機處理可以做很多應用，包括：玩具、氣墊船、空拍無人機等。裡面處理器，有些用8051，有些用ARM，有些用LC-3，有些是用Arduino或是最近比較流行的樹莓派，各式各樣，黃老師團隊都有在做，就連手機應用程式也有。

圖2　FPGA開發板DE0

三　全國第一門LC-3課程

黃永廣老師使用LC-3軟核心在FPGA電路板上，進行微算機處理教學。國內使用LC-3的課程比較少，黃老師自認算是少數先行者，然而該領域在國外早已經行之有年。目前國內磨課師線上課程少有LC-3軟核心教學課程，會直接放到FPGA電路板上進行教學。

黃永廣老師必須先參考國外學校作法，經過融會貫通後，再於雲科大課程中講授如何製作。所幸雲科學生底子不錯，都有能力用硬體描述語言實作LC-3處理器。當他們製作之後，也陸續接到各方單位詢問成果，黃老師與雲科團隊都會不吝提供LC-3的sof檔案讓他們燒錄在DE0開發板上。

圖3　黃老師與雲科學生討論在實習時遇到的問題

四　台達電自動化課程

　　台達電為了想回饋社會，成立了一個「台達電文教基金會」，預計推出了18門自動化課程。目的是讓一些產業界在職進修或是提升技職院校的大學生實力，希望帶動整個臺灣競爭力。一開始他們只邀請三個學校：臺灣科技大學、雲林科技大學跟臺北科技大學參加這個計畫，而黃老師課程「微算機處理與應用（II）」也是雲科大第一門課程。

圖4　黃老師介紹學生畢業專題的應用成果：樹莓派夾娃娃機

以台達電立場，本來希望黃老師能帶領團隊到他們旗下子公司愛爾達電視臺開設新節目。以雲科團隊立場，黃老師還是希望在雲科大校內拍攝，節省通勤上麻煩。黃老師指出：「假使我們能直接利用雲科大攝影棚，當然是最方便。」

然而結果卻不如預期，第一階段在資訊中心拍攝影片，仍有許多進步空間。一方面是黃老師自認投影片有需要加強地方，另外一方面是影片需要加強其內容，也需要配合後製問題。台達電也會比較要求品質，最後決定又將課程全部重新製作，最後整個計畫延宕了一年。

五　學生協助製作與經營

在製作投影片時候，黃永廣老師會請學生幫忙畫某些圖。此外，黃老師將投影片演練講給學生聽，再請學生抓出錯誤，先練習一下，這算是前期協助。

後來幾位助教學生上臺北參加台達電公司提供的訓練，偶爾也到清華大學學聯網ShareCourse機構去培訓。學生必須先去受訓如何使用該平

臺，做些課程編輯、介紹公告，以及平臺使用方式。他們分別到臺北內湖
台達電總公司與新竹清華大學受訓過好幾次。在經營線上即時互動討論平
臺方面，黃老師也請學生一起上線協助並與同學互動，包括所有研究生與
兩位博士生。

圖5　黃永廣老師帶領雲科學生討論解決實作課程的問題。

六　磨課師自主學習與傳統教學不同

　　傳統授課優點就是老師跟學生馬上互動，面對面接觸。在雲科大教課
這麼多年，黃老師觀察到在理論課中學生願意跟老師互動情況並不是那麼
多。若有問題，大多悶在心裡不講，不敢舉手發問。黃老師表示：「原因
有很多，很難講為什麼，可能是不善跟老師互動，也許是好意不想打斷老
師上課。但是老師講到後面越深入、學生就越來越不懂而失去興趣了。我
們上課時都會看學生表情，試圖了解他們懂多少，這是老師本身能在課堂
上做的工作。」另外在實習課中，學生遇到問題時比較會發問，跟老師與
助教的互動很不錯。

圖6　雲科學生拿DE0開發板學習實習課程

　　磨課師課程內容，則是會說明詳細實作過程，例如：怎麼將軟核心燒錄至這個電路板LBJ，怎將組合語言轉成機器碼燒錄進這個軟核心，皆用影片方式表現。學生可以隨著影片介紹，一步接一步地跟著做。成果用影片呈現，馬上就得知這段程式的結果。也可以讓學生很快地進入狀況。

　　磨課師的優點就是學生可隨時觀看教學影片，若有不懂的地方可以倒回去重複看，或是再往前播放，甚至要用兩倍、四倍的速度加速觀看。這些都是學生他們教他，在這部分黃老師認為：「傳統課堂上無法達到這項功能。此外為了彌補磨課師即時互動不足之處，我們會定期在線上開個論壇，在平臺上即時互動，補足磨課師不足之處。」

　　相較於傳統的面對面授課，比較著重於臨場表現，老師可補充新教材，但是磨課師影片則是比較難更新。黃永廣老師希望每一年能更新影片，修改錯誤內容，把新題材或是議題納入，更新課程，每年落實內容優化會是個很好賣點。能否更新，還是要看台達電或是雲科大資源有沒有配合，倘若有多一點資源，就能改進的更好。他認為將來會與時漸進，現在一切也才剛起步而已。

第八章　張慶龍老師「嵌入式系統（II）」

　　「嵌入式系統（II）」[1]爲國立雲林科技大學資訊工程學系張慶龍主任與台達電文教基金會攜手推出的磨課師課程，一推出深受各界歡迎。課程內容主要介紹嵌入式環境之即時作業系統基本原理，並以uC／OS-II RTOS作爲例子，說明如何撰寫多工程式與其注意事項。

　　張慶龍老師本身畢業於中正大學電機工程系網路組博士，領有高級電信工程人員資格證，研發出多項專利，並於雲科資訊工程學系任教十多年，實務與理論兼備，廣受學生愛戴與好評。

■ 一　張慶龍老師

　　張慶龍老師自國立中正大學電機工程學系畢業，民國89年來到國立雲林科技大學，至今已經任職16年。個人專業爲：嵌入式系統、數碼通信、OSI開放系統、電腦網路結構、網路連接與協定轉換、隨機程序、高速網路協定、多處理機系統、排隊理論、分散式作業系統、非同步傳輸模式，及超大型積體電路設計。此外他的興趣也包括修讀英語寫作技巧訓練，並熱衷於網球運動。

---

[1]　網站介紹：http://tech.deltamoocx.net/course/view/courseInfo/55；影片介紹：<iframe width="560" height="315" src="https://www.youtube.com/embed/vM-djRiu4cs" frameborder="0" allowfullscreen></iframe>

圖1　張慶龍老師休閒時熱愛旅遊

二　「嵌入式系統（II）」課程內容介紹

　　張慶龍老師在製作這門磨課師課程之前，曾寫過一本書《Cortex-M3在RTOS之應用與實作：使用PTK系統平臺》，主要是講述Cortex-M3在嵌入式系統RTOS中的設計。因為實體課程已經有了一些基本的教材，再配合磨課師的製作，能夠讓學生有更為完整的學習環境。整個課程的內容，張老師比較著重於嵌入式系統的平臺，又由於是資工系的背景，所以更加強在平臺軟體上的設計。

圖2　Cortex-M3平臺

「我們是在一個即時性作業系統環境下，把一件事情拆成幾份工作，讓它能夠分時多工地去執行、去配合要完成的內容。對學生來講，他要寫程式跟傳統在視窗底下寫程式的思維不太一樣，它是要寫一個即時多工的程式。」張慶龍老師解釋課程的重點，有兩部分：一個是即時性，另一個則為多工。

在即時性的部分，他以戰鬥機為例。當飛機偵測到有飛彈要打擊它的時候，這被視為一個事件，因此在飛彈擊中之前，飛機上的電腦系統必須即時反應。假使在飛彈打到機身之前，機上的電腦並沒有反應，張慶龍老師說這種情況叫作「Miss Denial」，導致飛機被擊中，最終產生嚴重的後果。

所謂的多工，意指電腦程式除了功能要即時之外，它還多了一個時間性的要件。以鍋爐的監測系統為例，假使系統偵測到鍋爐溫度太高，電腦若沒有即時反應，太慢的話可能會讓鍋爐爆炸，這就是即時的環境。要滿足即時性的要求，就要透過多工，以不同優先權的方式去處理，而這部分正是本門課程授課的內容。

圖3　張慶龍老師與雲鐸獎講作及實作成果

三　如何在磨課師課程中體驗實作

　　張慶龍老師說，在製作磨課師的過程中，花最多心力是在準備教材，尤其是準備投影片內容。因為沒有白板可以書寫，只能透過投影片一步一步地去呈現，很多細部的東西要講解，也不能用手比劃。所以在整個課程製作上，大部分時間都是在準備簡報以及動畫呈現，跟實體課程不同。

　　張慶龍老師認為：「實體課程老師可以藉由白板補充，另外一些重點則可以用手、投影筆去做Highlight。可是在磨課師課程錄製過程，老師面對的就只有一個螢幕，看到的也就是一個畫面，因此你只能從畫面中去呈現。」

　　除此之外，他從實作的角度來看覺得更難以實踐。對比實體授課，

老師可以讓學生實際去操作這個板子，將程式下載進去，以便驗證它的程式。但在線上的課程之中，學生縱使會寫程式，卻沒有環境去編譯，也不知道他寫出來的程式到底是否正確，較難驗證實作。張慶龍老師建議：「除非針對磨課師去開發一個模擬器，用軟體去模擬、驗證你東西做出來到底對不對？且要求修課同學都必須下載這個模擬系統安裝使用。但這在短期做不到，所以若要學生實作，可能沒辦法由全線上課程來處理。」

四 磨課師團隊分工情形

張慶龍老師在開課期間，大多交給助教來處理修課學生反應的問題。但是他也觀察到：大部分的學生，其實沒有很積極地參與討論。目前張老師的課程討論都是仰賴台達電磨課師的平臺去跟學生互動，並沒有借用臉書或是其社群軟體跟學生互動。

張慶龍老師坦言這是他第一次接觸磨課師，他跟製作團隊也都沒有相關經驗。他很感謝台達電文教基金會能提供這個資源，除了給老師錄製一些課程的支援，也編列經費讓磨課師團隊聘請助教，負責線上交流。除了編列預算之外，也安排助教們一些培訓課程。助教主要為研究生。也由於比較偏實作，研究生基本上都要先接觸這些東西，才容易跟學生作互動。

五 製作磨課師的困難點

張慶龍老師自嘲進了攝影棚好幾次，衣服都沒有著裝正確，很多細節他都不拘小節。另外比較有挑戰性就是在製作投影片，為了要錄製一個小時的課程，可能事前的備課時間達七、八個小時，仍弄不完投影片。雖然實體課程張老師都備有現成的投影片，但是那些放到磨課師課程卻都無法使用。

「原本的投影片是為了配合白板介紹用的，可是你要在白板上講的

東西全部放進投影片裡面，而且還不能一次呈現，就要用動畫的方式一次又一次地慢慢跑出來。可是你又沒有滑鼠或是投影筆讓你指出現在在講哪裡，倘若你要讓學生注意到那個重點，這時候你只能仰賴動畫來吸引目光去提醒他們。」

張慶龍老師認為原先上課的時候，若有新的想法就可藉由白板來補充，用白板立即呈現出來。那相對於製作磨課師時，必須將所有的想法都先構思過，然後再借用投影片呈現。由於這是張老師第一次製作磨課師，還有進步空間。如果能再給他一次的機會重新製作，張老師有自信能做得更好。

六 對於磨課師的想法或期許

張慶龍老師認為，磨課師課程，對於想要學習之人是很好的資源。或許大部分的課程，都可以藉由磨課師去呈現，但是他卻不認為每位老師都適合製作磨課師的課程，還要看老師的屬性與教學方針，這一切都還需要嘗試、試驗跟修正。最後張老師強調：「搭配現在的高速網際網路的頻寬，對想要的學習的人，磨課師會是很好的管道與資源。倘若他們有時間，就可以在線上獲取想要的知識，我覺得這會是一個很好的學習環境。」

國家圖書館出版品預行編目資料

推動磨課師／方國定等作. －－初版. －－臺
北市：五南, 2017.02
　面；　公分
ISBN 978-957-11-9038-9（平裝）

1.數位學習

521.539　　　　　　　　106000819

1IZU

推動磨課師

作　　　者 ― 方國定　俞慧芸　林芳廷　林宗德　胡詠翔
　　　　　　　楊智傑　方濟龍

發 行 人 ― 楊榮川

總 編 輯 ― 王翠華

主　　　編 ― 王俐文

責任編輯 ― 金明芬

封面設計 ― 黃聖文

出 版 者 ― 五南圖書出版股份有限公司

地　　　址：106台北市大安區和平東路二段339號4樓

電　　　話：(02)2705-5066　　傳　　真：(02)2706-6100

網　　　址：http://www.wunan.com.tw

電子郵件：wunan@wunan.com.tw

劃撥帳號：01068953

戶　　名：五南圖書出版股份有限公司

法律顧問　林勝安律師事務所　林勝安律師

出版日期　2017年2月初版一刷

定　　　價　新臺幣300元